THE MR PORTER PAPERBACK

THE MR PORTER PAPER-BACK

THE MANUAL FOR A STYLISH LIFE

VOLUME ONE

TRANSWORLD JAPAN

Published by arrangement with Thames and Hudson Ltd, London,
THE MR PORTER PAPERBACK: The Manual for a stylish Life Volume One
©2012 Net-A-Porter Group Ltd.
This edition first published in Japan in 2018 by Transworld Japan Inc., Tokyo, Japan
Japanese edition © 2018 Transworld Japan Inc.
Japanese translation published by arrangement with
Thames and Hudson Ltd through The English Agency (Japan) Ltd.

CONTENTS

まえがき（MR PORTER編集長 Mr ジェレミー・ラングミード） 7

THE LOOK: Mr タイニー・テンパー 10
THE REPORT: スマートワーカーズ 16
THE CLASSICS: スウェットシャツ 21
MEN OF NOTE: ロードトラックス 25
THE LOOK: Mr ダミアン・ルイス 28
THE REPORT: パーフェクトタイミング 33
THE REPORT: テイクミーアウト 41
THE INTERVIEW: Mr デヴィッド・ホックニー 46
THE CLASSICS: ショールカラーカーディガン 51
MEN OF NOTE: パフュームジーニアス 54
THE CLASSICS: ボマージャケット 56
THE INTERVIEW: Mr アーヴィン・ウェルシュ 60
WOMEN OF NOTE: サンデーガール 65
THE INTERVIEW: Mr ジョン・ポーソン 67
THE CLASSICS: ポロシャツ 72

STYLE ICONS 77

MEN OF NOTE: Mr マシュー・ディアー 109
MEN OF NOTE: グリズリーベア 111
THE EXPERT: Mr チャールズ・シューマン 113
THE LOOK: Mr ジェイソン・サダイキス 116
THE REPORT: 10デザインズフォーザカッティングエッジホーム 120
MEN OF NOTE: ディプロ 129

THE LOOK: Mr ヴィンセント・カーシーザー	132
THE CLASSICS: ニットタイ	137
ONE TO WATCH: Mr アレン・リーチ	142
THE KNACK	145
MEN OF NOTE: ホットチップ	205
THE CLASSICS: ピーコート	207
THE CRUSH: Ms メーガン・マークル	211
THE REPORT: ロック・オブ・エイジズ	215
MEN OF NOTE: ミステリージェッツ	227
THE CLASSICS: ツイードジャケット	229
THE REPORT: 10アイコニックスーパーカーズ	233
THE CLASSICS: ライダースジャケット	241
あとがき（BEAMS　Mr 設楽 洋）	246
謝辞	248
写真クレジット	249
イラストクレジット	252

まえがき

　書籍になったMR PORTERへようこそ。この1年間、毎週MR PORTERのウェブサイトで紹介してきたインタビュー、コラム、専門家による考察、おすすめのアイテム、そして、スタイル評論の集大成を楽しんでほしい。
　なぜ、ここに来て書籍なのかって？ それは、あなたがどこにいようと、いつであろうと、どんな気分であろうと、それが1クリックでもページを1枚めくることでも変わりないように、MR PORTERはあなたに必要とされるときに手の届く場所にいたいから。
　本書を読むことで、あなた自身が博識になったと感じるだけでなく、インスピレーションを得てくれることを願う。スタイルというものが、現在ほど幅広い世代の男性によって全面的に受け入れられるようになった時代はない。ファッションには、もはや絶対的な命令もなければ、従わなければいけない流行もない。いまの時代に大切なのは、最高の気分でいること、最高の自分でいることなのだ。そして、すべての瞬間を楽しんでほしい。私たちはいつも熱心に考えている。ニュースで見聞きすることは殺伐としているし、将来に対して不安もある。だから、私たちを笑顔にしてくれたり、自信を与えてくれたりするものを大切にしようではないか。これはとても重要なことだし、私たちMR PORTERはこうしたものに値すると信じている。

MR PORTER 編集長
Mr ジェレミー・ラングミード

「身なりが人をつくる。(服をまとわない)裸の人は、社会においては、ほんの少しかまったくと言っていいほど影響力をもたない」

　　　　　　　　　　　　　　　　　　Mr マーク・トウェイン

THE LOOK
Mr タイニー・テンパー

　才能、スタイル、そして魅力。イギリス版『エスクァイア』誌の編集者アレックス・ビルムズが、音楽とブリティッシュメンズファッションの世界で頭角を現すラッパーに話を聞いた。

　Mr タイニー・テンパーとのインタビューの2週間前のある午後、私はウェスト・ハリウッドにあるプライベートメンバークラブ〈ソーホーハウス〉の14階、サンセット大通りを見下ろすペントハウスにいた。そこでは俳優のMr ヒュー・ローリーが家族そろって食事をしていた。あぐらをかいてコーヒーテーブルで昼食をとっているのは、もっぱらの変わり者として知られるホームコメディスターのMs ズーイー・デシャネル。バーには女優のMs エリザベス・バンクスのほかに映画監督や脚本家として知られるMr ポール・ハギスもいる。キヌアサラダ、サングラス、芸能界のゴシップ……ここはそういう場所だ。そんな片隅に、私が飲んでいるサンペレグリノのようにクールに佇むMr テンパーの姿があった。アメリカでミリオンセラーを記録したヒット曲「リトゥン・イン・ザ・スターズ」を出したイギリスのラッパーで、この快挙は、あのMCチューンズでさえ成し遂げられなかったし、ましてや、これほどの高みにまで上り詰めることもなかったのだ。

　次のインタビュー時にMr テンパーに会ったとき、彼はロンドン中心部にある天井の高いタウンハウスのマントルピースの上でMR PORTERの撮影をしていた。ザ・スミスの「ディス・チャーミング・マン」が流れていて、好人物の彼にはぴったりの選曲だ。だが、歌詞のように「今夜は出かけるけれど、着て行く服が一着もない」ということは絶対にない。彼が着ている服は、今夜出かけるときにはふさわしくないかもしれないが、会話のきっかけとしてはぴったりなシャークプリントのTシャツを着ている。Mr テンパーは「たまに撮影があるのはいいね。最新のトレンドがよくわかるからね」と言う。「たまにファッション撮影がないと、旬なデザイナーズブランドが提案している流行から取り残されてしまうような気がしますよね」と私が答える。Mr テンパーはフ

フフと笑う。そう、彼は人たらしなんだ。

　ところでMrテンパーがロサンゼルスでなにをしていたか？ Mrジェイ・レノ（アメリカのコメディアン。深夜のトークバラエティー番組『ザ・トゥナイト・ショー・ウィズ・ジェイ・レノ』の司会として有名）の番組出演に決まっている。番組には3度目の出演だった（彼にとってMrジェイ・レノは袋いっぱいのお菓子よりも魅力があるに違いない）。いずれにしてもロサンゼルスにはしょっちゅういるらしい。「第2の我が家だね」とビジネスクラスに慣れた現代の遊牧民は無邪気に語る。

　イギリスでは女性アーティストがヒットを連発しているのに、男性となると近年はどうも退屈でおもしろみに欠ける。そんななか長年待ち望まれたイギリスでもっともエキサイティングな男性ソロアーティストがMrテンパーだ。Mrパトリック・チュクエメカ・オゴグという本名を持つ彼は、ディジー・ラスカルやティンチー・ストライダー、ラブリンスなど同時代のアーティストやコラボレーターとともに、もっとも多才でインターナショナルな影響力を備えた現代最高のUKラッパーになる力がある。彼もそれを理解し、それに感謝し、喜んでいるが、プレッシャーを感じることはまったくない。

「2日に1度は夢なんじゃないかと思って自分をつねりたくなるときがあるんだ」と、彼は言う。「でも、受け入れることにした。だって、人生に1度のチャンスなのに、ずっと夢見心地でいるわけにはいかないだろ。混乱した状態でなにかを成し遂げることは無理だからね。幸い僕は環境に適応するのがわりと得意なんだ」

　緑がいくぶん豊かなプラムステッドに家族で引っ越す前、住み心地がいいとは言い難い、ロンドン南東部にある治安の悪さで知られるペッカム団地に12歳まで住んだ経験を持つ彼は、よりよい生活を求めて20代の頃にイギリスにやってきたナイジェリア人の息子だ。4人の子どもの長男として厳粛な労働倫理を両親に叩き込まれた。

「なにをするのにも、まずは規律を守らなければいけなかった」と彼は言う。「僕の祖先はナイジェリア人だから、人の10倍がんばらないといけないといつも言われていたんだ。子どもの頃のことなので、すべてを覚えているわけではないけど、いまでも本当にそう信じているし、信じていれば失うものはない。人の10倍がんばれば、誰よりも上達するはずだと思う」

　彼が言うナイジェリア気質が、シャープに見られたいという心理を説明しているかもしれない。もちろん、いつもスーツにブーツという出で立ちではないにせよ、Mrテンパーは最高の自分を演出することに抜かりない。あるとき

はサヴィルロウ仕立てのスーツ、もしくはスニーカーを履くカジュアルスタイル、またあるときはサヴィルロウのスーツにスニーカーを合わせるハイブリッドなスタイルの両方を着こなす。「ナイジェリア人は絢爛さを好むんだ」と彼は言う。「ナイジェリア人の家に行ってみたらわかるはず。赤いカーペットや革張りのソファ、陶磁器があるからね。もちろん、イギリスの影響もあるよ、ナイジェリアはイギリスの植民地だったから。品よく話すこと、決まった作法を心得ていること、ネクタイが曲がっていないこと、カフスや襟が清潔なこともその影響だね」

慎しみ深いバックグラウンドからは挫折というよりはインスピレーションを感じることができる。「200万ポンド（約3億円）の豪邸の反対側の地域に住む子どもだった」と彼は言う。「豪邸に住む、ふたりの子どもと犬とレンジローバーといった4人家族が僕の団地から見えた。物心ついた頃から、ママ、どうして僕たちはこんな上に住んでいるのに、あの人たちはあそこに住んでいるの？ どうしたらあんな家が買えるの？ なんで、あの人たちの庭のなかには道路があるのに、僕たちはエレベーターで登らないといけないの？ と訊いていた。ロンドンのとてもいいところは、恵まれていない人々の目の届くところに莫大な富があることだ」と彼は言う。「そんな状況を目の当たりにして、自分にとってリアルなものとして認識しない限り、そんなものは手に入らないと思うようになってしまう。結果、本当に手に入れることが難しくなる」

大学に進学することだってできたのだが、16歳になるとクラブで演奏し、自宅で実験的に作曲を試みた。自身の起業家的な性格にも気付いていた。19歳になった頃にはロンドンのグライムシーンで名声を勝ち取り、〈ディスタービング・ロンドン〉という自身の音楽レーベル（現在は多角的ブランド）から楽曲を発表していた。2009年にはコールドプレイ、ブラー、ケミカル・ブラザーズなどのUKポップ音楽シーンをリードするアーティストを抱える〈パーロフォン〉と契約を結んだ。その頃は、まだ実家で両親と暮らしていたが、UKポップのメインストリームを制覇するまであと少しというところまできていた。

2010年2月、快楽主義への溢れんばかりの賛歌であるファーストシングル「Pass Out」が一気にトップの座を獲得。このニュースを知った母親が職場から祝福の電話をしたときも、1階に税金の通知が届いているから目を通しておきなさいと彼に伝えることも忘れなかった。「それほど現実的だった」3カ月後にはリアーナのツアーにサポートとして参加し、同年の6月にはグラストンベリーの〈ピラミッド・ステージ〉でスヌープ・ドッグと一緒に「Pass Out」を

披露していた。デビューアルバムの『Disc-Overy』も1位を獲得。若い男が本気でいい感じの時間をすごしているようなにぎやかなサウンドだ。ヒップホップ、グライム、ドラムンベース、ハウス、ポップスをフュージョンした、ジャンルを越えたシャッフルスタイルで、またウィットに富む歌詞と、(鼻につく)自慢話をチャラにするベイソス(高めた荘重な調子を急にこっけいに落とす)を多用している。彼も言ったように、まさに彼は「ママが思うよりも有名なスター」になろうとしていた。実際、「あまりに服が多いので、親戚の家に少し置かせてもらっている」。2011年、「Pass Out」がブリット・アワードで最優秀シングルと最優秀ブレイクスルーアクト賞を獲得した。

　怒れる高慢なラッパーというステレオタイプから逸脱しているところが好感を持たれる理由ではないかとMr テンパーは考える。「僕の音楽にはユーモアがある。安全で親しみやすいようにヒップホップを聴かせているんだ。何人撃って、何人刺して、何人殺したとか、どれだけお金を持っているとか、そういうことじゃない」誰もが想像できるように、彼はいまや持ち家があり、多くの服を持っているし、女性にモテてリッチだが(私がそのことを指摘したところ異論はなかった)、彼は自分のセールスポイントである「庶民派ラッパー」のイメージを失ったとは感じていない。「ツアーから戻ったらアズダ(イギリスにある庶民的なスーパーマーケット)に行くよ」とMr テンパーは言う。「家も掃除するし、アイロンもかける」

　2枚目のアルバム『Demonstration』は現在進行形である自身の音楽修行の産物だそうだ。世界中をツアーで巡り、Mr クリス・マーティンやMr デーモン・アルバーンなどの新しい友人たちからのアドバイスを取り入れて生まれたものだ。「すごくラウドで、ハードでヘビーなんだ」と彼は言う。「でも、美しい瞬間がいくつかあって、とてもパーソナルな仕上がりになっている。聴く人をもっと引き込まないといけないと思ったんだ。僕は夢の人生を送っている。それはとんでもない乗り心地だけど、人生でなにが起きているかをみんなに知ってもらいたいんだ」

　進行中のもうひとつの関心といえば服だ。着こなしについて真剣に考えるようになったのは、10代の頃、ライブ演奏をするようになってからだと言う。「そのときに気付いたんだ、観客席の男と同じNIKEのスウェットシャツを着ていたらいけないってね。それがショービジネスだ」

　わかりやすい、直近のイングリッシュダンディの例とされることが多々あるMr テンパーだが、彼はこうしたステレオタイプさえも覆そうと企んでいる。彼のスタイルはもっと繊細だ。ヒップホップ特有のスポーツブランド崇拝やロン

ドンのフットボールカジュアルを離れ、ストックホルムのように流行に敏感な都市を訪れながらもイギリスのテーラーに敬意を払う。こうした影響を受けていくうちに、だんだんと「自分の好みというものが少しずつできてくる」と彼は言う。

　実際、ハリー・パーマー風の縁の厚いめがね、こざっぱりとしたボウタイ、箱から出されたばかりのスニーカーというルックスの影響力は強く、年に2回、3日にわたって開催されるブリティッシュ・メンズファッションの祭典〈ロンドンコレクションズ・メン〉委員会の一員も務めているほどだ。Mr テンパーほどイギリス最高のメンズスタイルを代表するのにふさわしい人物はいないし、彼の好みは最先端であると同時にクラシカルでもある。「いまのロンドンはとても注目の場所」と言う。「ここは素晴らしい才能ある人で溢れている。まさにクールな場所の中心なんだ」Mr テンパー流の型にはまらないファッションは私たちに服を楽しむ原点を教えてくれる。
「さあ、もっとおしゃれを楽しもう」

THE REPORT
スマートワーカーズ

　もっともクールな時計からシャープなステーショナリーまで。魅力的なワークスペース作りに欠かせない選りすぐりのデザインを紹介する。

　蜜蝋の香りがかすかに漂う、どっしりとした木のデスクのライティングマットに向かって座る男の姿というものには、どことなく安心感がある。これこそまさに、いまだに多くの法律事務所がこうした神聖な木のデスクを好む理由だ。だからといって古くさいデザインは、優れた能力と信頼性を表すオフィスには必要ない。現代の粋な人々のワードローブに伝統的な生地やテーラーが欠かせないのと同じように、デザインの世界もまたクラシカルな素材とクラフツマンシップに注目しているが、その一方で、テーブル、ランプ、回転チェアなどに新鮮な味を与えられないかと、あれこれ模索しているだろう。ここでは、「仕事ができる」ということが伝わる小物を紹介しよう。もちろん、スタイリッシュに。

DESK

　イタリア家具メーカーの《CECOTTI COLLEZIONI》は、デザインに優れた才能を持つ人材を採用しながら、ブランド独自のスタイルを追求し続けている。ブランドの一貫性は名だたる職人たちの技術によって守られているのだ。Mr クリストフ・ピレがデザインした、アメリカンウォールナットのデスクは発表と同時に人気を博したアイテムである。

ceccotticollezioni.it

GEOMETRY SET

　Mr ミハエル・ヴェルヘイデンのキャリアのはじまりはファッションだった。しかし、並々ならぬ素材への愛情がレザーから大理石、木材や金属へと発展し、素材のミックスによるホームコレクションを展開するにいたった。木材、レザー、真鍮を使ったこの幾何学文具セットは雑誌『ウォールペーパー』が2011年の〈ハンドメイドプロジェクト〉のためにデザインを依頼した作品。

michaelverheyden.be

DESK LIGHT

　ベルギー発の新ブランド《Objekten》は、ヨーロッパで絶大な人気を誇る若いデザイナーたちを起用してシンプルデザインの家庭用品を生み出している。《Objekten》のような若い会社の多くがそうであるように、知的で環境に優しいだけでなく、物欲をそそる商品を作ることに多くのエネルギーを注いでいる。Mr アラン・ベルトーが《Objekten》のためにデザインしたこのライトは角度を270度調整可能で、サイドライトやデスクライトとしても使える。

objekten.com

CLOCK

　20世紀を代表するデザインアイコンをコーディネートに取り入れて、誰が気づくか試してみよう。この〈シティーホール・クロック〉は、1956年にデンマークのモダンデザインの父、Mr アルネ・ヤコブセンによってルードブレ市庁舎のためにデザインされたもの。長年忘れ去られていたが、再びデンマークの《ROSENDAHL》にて生産されるようになった。

PENS AND PENCILS

　メモを取ることにもちょっとした風格を持たせたいと思う私たち、いつも《MOLESKINE》のメモ帳や手帳に信頼を寄せてきた。これからは、Mr ジュリオ・イアケッティがデザインした、カーペンターペンシルのように長方形で、ノートにぴったりとクリップできる筆記具を一緒に活躍させてはいかがだろう。

moleskine.com

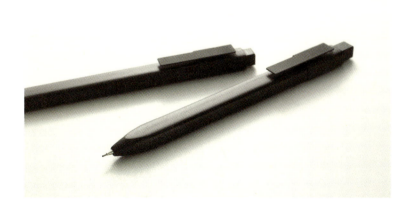

CHAIR

　起きている間の私たちを優しく受け止めてくれるチェアを作ること。しかも、必要なところはちゃんと支え、思いのままに回ったり滑ったりすることができ、さらには医療用品っぽい感じがしないものを作るのはチャレンジだ。Mr ジャン=マリ・マソーは2006年の〈アストンオフィスチェア〉で見事にその仕事を成し遂げた。

arper.com

WATER CARAFE

　日中の水分補給のたびに増え続けるウォーターサーバーのプラスチックカップのコレクションにおさらばしよう。Mr トマス・クラールが《PCM》のためにデザインした、18世紀の技法を使ってスペインで手吹きされたこのしゃれた水差しとグラスは、スタイリッシュさのレベルを上げてくれるだけでなく、水分摂取量も上げてくれるに違いない。

pcmdesign.es

THE CLASSICS
スウェットシャツ

　スポーツ選手から俳優、そしてロックスターや作家にいたるまで。スタイリングにおける定番アイテムの進化をたどる。

　スウェットシャツはカジュアルなワードローブの定番というのは私たちだけの意見ではない。このコットン製ニットは、ほとんどのデザイナーが各々のブランドでバリエーション豊かに手がけてきたアイテムなのだ。

映画『オレゴン大森林／わが緑の大地』(1970年)のセットにて。写真のMr ポール・ニューマンは、スウェットシャツのカジュアルな魅力を見事に体現している

スウェットシャツは20世紀初頭にスポーツ選手のために発見されたものだ。アメリカはアラバマ州の《Russell Athletic》がその生みの親として知られている。1926年に《Russell Athletic》のオーナーが、アメリカンフットボールの練習で息子が着られるようにと、軽くて動きやすく、当時チームが着ていたウールのジャージーよりもチクチクしないコットン製ニットを開発。新しいアイテムは瞬く間に人気となり、スポーツ選手は好んで試合の前後でウォームアップするときにスウェットシャツを着るようになった。表面が滑らかなのは、現在もそうであるようにチームのシンボルマークをプリントするためだ。

作家のMr ジャック・ケルアック（写真右；友人であり、共同制作者でもあるMr ニール・キャサディと1952年に撮影）は、ほどよい雰囲気でスウェットシャツを着ている

多くのスウェットシャツの丸首の部分にある「V」字のリブは、もとは汗を吸収するためのもので、それはいまとなってはスポーツマンたちが好んで着ていた時代の名残りである。スウェットシャツがスポーツ志向の高くない人々にも好まれるようになったいま、大半の「V」は装飾的なもので、しばしばステッチだけで形作られているが、多くのスウェットシャツの袖やウエストバンドのリブが繰り返し着てもぴったりとフィットするのと同じようにこのV字型ガゼットが首回りの型崩れを防いでくれる。

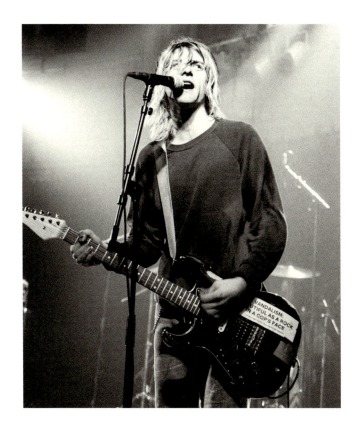

1991年にアムステルダムで演奏するニルヴァーナのMr カート・コバーンはスウェットシャツでロックスター的な魅力を際立たせている

スウェットシャツは、元来の耐久性とラグランスリーブによる動きやすさのおかげでスポーツ選手だけでなく、整備士や労働者の間でも人気を博し、アメリカの労働者たちが着ていたものは、いつしか現代に受け継がれるワークウェアスタイルの仲間入りを果たした。しかし、スウェットシャツがスタイリッシュなものへと変化したのは、プレッピーな学生スタイルに取り入れられるようになってからだ。アイビーリーグの学生が自分たちのスポーツチームのスウェットシャツをチノパンやボタンダウンシャツと合わせて着たことをきっかけに、アイビールックのキーアイテムとなったのである。

　スウェットシャツの着方は無限にある。スポーツというルーツを考慮するなら、ショートパンツとハイカットのスニーカーを合わせればエッジの効いた都会的な装いを演出できる。よりスマートな装いには、カジュアルシャツの上に着て、スラックスやチノパンと合わせてブレザーを羽織る。ニット代わりにスウェットシャツを着れば、手が込んだテーラリングとのおもしろい対比によって、よりスポーティーでカジュアルな印象を与えることもできる。そして、もちろんスウェットシャツはジーンズと合わせても最高だ。色褪せた、薄い色のジーンズにコンバースを合わせて、Mr ジェームズ・ディーン風のコーディネートにするのもいいだろう。

　スウェットシャツは細かいことを気にしなくていい簡単なアイテムなので、うまく着こなすために気をつけないといけない落とし穴はほとんどない。それでも、80年代のエクササイズビデオに出てくるフィットネスインストラクターみたいにならないように。あまりルーズでぶかぶかのスウェットシャツを着るのは避けたいところだ。それと同じ理由から、ジョギング用や、それ以外のどんなボトムスにも決してタックインしないこと。慎ましいスウェットシャツをうまく着るのに大切なことは、カジュアルなアイテムにふさわしくゆったりとした気分で着ることなのだ。

MEN OF NOTE
ロードトラックス

　映画『オン・ザ・ロード』の音楽を担当したことで知られるMr グスターボ・サンタオラヤが記憶に残るサウンドトラックを紹介しよう。

「Across the Universe」
ザ・ビートルズ

「なんて素敵な歌詞なんだ」

「Kowali」
シリル・パヒヌイ

「ハワイのスラックキーギター音楽が大好きで、いまは亡きギャビー・パヒヌイと息子シリルの大ファンなんだ」

「Babylon Sisters」
スティーリー・ダン

「まさに70年代のアメリカのロックバンドを彷彿とさせてくれる1曲。自由で楽しげな感じがする。長いドライブにはぴったりだ」

「Like a Rolling Stone」
ボブ・ディラン

「ボブは伝説でこの曲はまさにクラシック。この歌詞では旅の途中で自分を見失う状態をよく表している」

「To Ohio」
ザ・ロウ・アンセム

「美しくてノスタルジックなオハイオ州を褒め讃える歌。もちろん、歌詞の場所は世界中のどんな場所にも置き換えられる」

「Yip Roc Heresy」
スリム・ゲイラード

「ニール・キャサディとジャック・ケルアックは、スリム・ゲイラードの大ファンだった。そして僕も。完成したばかりの僕の曲と比べてもこの曲には胸に迫るものを感じる」

「Little Floater」
NRBQ

「速くてアップビートに自動車に恋する気持ちを歌うこの曲は、間違いなく運転にはもってこいだ」

「Space Walk」
レモン・ジェリー

「宇宙飛行士の会話のサンプリングやふわふわと広がっていくようなサウンド。この曲は聴く人を別世界へと運んでくれる」

「Lift Me Up」
ジェフ・リン

「この曲はまさに自分をアゲてくれる作用がある。誰だってときには持ち上げてもらうことが必要だよ。生きていくためにもね」

「Los Ejes De Mi Carreta」
アタウアルパ・ユパンキ

「眼を見張るように素晴らしいクラッシックギターさばきゆえにお気に入りのひとつ。ボーカルには内省をうながすような陰鬱な雰囲気が漂っている」

THE LOOK
Mr ダミアン・ルイス

　オバマ元大統領をはじめ私たち全員の手に汗を握らせた人気ドラマのスターとのインタビュー。

　テレビドラマ『ホームランド』が大ヒット作品であること、ましてやキャリアにおける最高傑作かもしれないということは、Mr ダミアン・ルイスに言って聞かせる必要はない。批評家から数々の称賛を得たり、Mr ルイス自身がゴールデングローブ賞の最優秀主演男優賞にノミネートされたからではない。2012年の3月にMr ジョージ・クルーニーと主賓のデビッド・キャメロン元首相とともにホワイトハウスのディナーに招待されたからだ。
　「厨房近くの席に通されると思っていたよ」Mr ルイスは言う。「回転扉の近くの席で、給仕係が出たり入ったりするたびに扉が僕の後頭部にぶつかるような席にね」と、話しながら手で後頭部を叩いてみせてくれる。「サウスローン(ホワイトハウスの南庭)の入口にたどり着いてから、ディナーに招待された396名のなかでも、僕たちが大統領のテーブルに座ることになっていると聞かされた。僕はオバマ大統領の真向かいの席だった。大統領は『ホームランド』が、お気に入りのテレビ番組だと言ってくれたんだ」
　Mr ルイスは、戦争捕虜として何年にも及ぶ拷問に耐え、国民的英雄としてイラクから帰還する、心に闇をもつ海兵隊員ブロディを演じている。難解な『ホームランド』は、テレビ番組の可能性を押し広げるために、いちかばちかの勝負を強いられるタイプのドラマであると同時に、テロとの戦いにおけるアメリカの葛藤を初めて描いた作品である。
　「平均的なテレビ番組や映画より少し良質なものに取り組んでいると信じていた」と言う。「でも、ここまで人々の共感を得られるなんて思ってもいなかったよ。人って不安にさせられたり、心配になったりすることに不思議とスリルを感じるものなんだね!」
　私たちはロサンゼルスで会っていた。レッド・ホット・チリ・ペッパーズの曲のようにダウンタウンの橋の下で。だが、曲とは違って、私たちはテイクアウト

のトルティーヤチップスとサルサソースと一緒にニューキャッスルブラウンエールを飲みながら、心地よいバスツアーを楽しんでいる。
「飲まないわけにはいかないよ」Mr ルイスが言う。「ビールの時間だからね！」
　公平に言っても、その日はビールにふさわしい1日だった。彼は1日中、ロサンゼルスのいたるところで、あらゆる服装に身を包んで撮影に応じた。おまけに、その日はメーデーの抗議運動の初日で、町の交通渋滞は最悪だったが、彼は上機嫌だ。「最近、生きることが楽しい」と繰り返し言う。また、ファッションへのちょっとした関わりにも話が及んだ。
　「最近流行っている60年代の『マッドメン』(60年代以降のニューヨークの広告業界を描いたアメリカのテレビドラマ)的なものが好き」と言う。「同じように、いかにも感じのシャツを着て、少し大めにボタンを開けたバート・レイノルズ風なファッションも好きだ。あまりいい姿とは言えないけど、しょうがないよね！」
　Mr ルイスのロサンゼルス滞在は1週間。短い滞在だ。ロンドンのイズリントンの自宅では、妻で女優のヘレン・マックロリーと2人の幼い子どもたち、マノンとガリバーと暮らしている。実のところ、ルイス家は同じくアメリカのテレビ業界で成功を収めている英国人Mr ヒュー・ローリーの昔の家に住んでいたのだ。
　「そういう仕組みなんだ。まずは、人気番組でイギリス人役を演じて、お互いの所有物を紹介できるようになる」彼はニヤリとする。「専用のアプリがあるんだ」
　現在、彼は、ロサンゼルスにより親しみを感じているようだ。この町を彼に紹介したのは、ほかでもないMr トム・ハンクスだ。それは、2001年のテレビドラマ『バンド・オブ・ブラザーズ』の主役に抜擢されたときのことだった。Mr ハンクスがプロデュースしたそのドラマは、第二次世界大戦中に実在した陸軍師団を描いた全10話のドラマシリーズで、彼はこの作品によって大ブレイクした。でも、どのようにして役をものにしたのだろう。
　「オバマ大統領にも同じことを訊かれたよ！　大統領は、僕が役の人物に似ているからだと思ったみたい。だから、僕はからかったんだ『いえ、大統領閣下、リーダーとしての私の抜きん出た素質と高潔な倫理観ゆえにその役を与えられたのです』って。僕がなにを言っているのか、大統領はわからずに少し戸惑っているようだった。『コイツ、何様だよ？』って思ったかもね」
　本当は、いわゆる幸運というやつだ。「干し草の山のなかから1本の針を

見つけるようなキャスティングのおかげ。すごくラッキーだったんだ」こうしてキャリアにひとつのテーマが生まれた。いままでにもMr ルイスは軍人役を見事にこなしてきた。短い赤毛と彫りの深い顔がいかにも軍人らしく見える。加えて、曹長のように率直で命令的な口調で話すこともできる。

「軍人の家庭で育ったとか、別にそういうわけではないんだ」と言う。「父は、50年代に兵役を経験したけど、あまり向いてなかったようだね。森のなかで小隊をひとつ失ったことがあるから」

Mr ルイスはロンドンのアビーロード、かの有名な横断歩道のすぐ側で育ち、上流中産階級の伝統的なしつけを受けた。8歳になると両親はMr ルイスを寄宿学校へと送り出す。そこには、イートン校(1440年創設の男子全寮制パブリックスクール。英国一の名門校)も入っていた。「人を"上流階級"と"そうではない人"に分けたなら、僕はどちらかと言うと"上流階級"に属していたのかな」Mr ルイスは言う。「でも、自分のやりたいことを自分で決めることで、そこに属することを拒否してきたのかもしれない」

大学ではなく、ギルドホール音楽演劇学校に進学し、俳優のユアン・マクレガー、ダニエル・クレイグやジョセフ・ファインズと交流した。はじめは「ひとかどの舞台俳優」になりたいと思い、しかるべくしてロイヤル・シェイクスピア・カンパニーとロイヤル・ナショナル・シアターに入団し才能を磨いたが、結果、そうはならなかった。「友人たちがハイエンドなテレビ番組や映画でどんどん成功していくのを見て確信していった」と言う。「好奇心に圧倒されたんだ」

それからは、決して過去を振り返らない。『バンド・オブ・ブラザーズ』以降、出演のオファーが流れ込んできた。数々の出演依頼リストの1番上にあったのは、Mr スティーブン・キング原作、Mr モーガン・フリーマンも出演という、およそ8000万ドル(約88億円)もの制作予算をつぎ込んだ、大ヒットになるだろう作品だった。後ろからものすごい勢いで襲ってくるエイリアンが原因ではないにせよ、この映画『ドリームキャッチャー』の結果は散々だったが。

「だからオファーを受けたんだよ!」Mr ルイスは笑いながらキツめのジョークを続ける。「『ドリームキャッチャー』にはマリファナと座り心地抜群のソファとポップコーンが1袋あれば十分だと思ったからさ」

そのできごとは当時のキャリアに少なからず打撃となった。「まだ30歳の若造で独身だったし、故郷からも遠く離れていたからね。5カ月間バンクーバーで撮影したんだ。知り合いなんていなかったから、雨の日はホテルの部

屋にほとんど閉じこもっていた。少し怯えていたのかもしれない」
　しかし、映画の世界でもっといい経験がその後に待っていた。2004年公開の映画『Keane』(日本未公開)では娘を失った男を演じ、2008年には、『DATSUGOKU－脱獄－』に出演。どちらも成功を収めた。いまでもときおりくる映画への出演依頼に応じ、2012年には『ロンドン・ヒート』、2013年には『ロミオとジュリエット』に出演した。
　それでも、アメリカとイギリスの両方でMrルイスが、その輝きを放ったのはテレビという場である。イギリスでは2002年にテレビドラマ『フォーサイト家物語』のリメイクがあった。その数年後には、再びロサンゼルスでアメリカNBCのドラマ『Life 真実へのパズル』の主役を務めている。絶え間ない変化の時期だった。子どもが生まれ、イズリントンに家を買ったばかりで、どうしたらいいかわからず、Mrローリーに電話をした。
　「Mrローリーに会ったことはないんだ。『Dr. House』に出演する彼がロサンゼルスであんなに成功しているから、アドバイスをもらいたかった。すると、こう言ってくれたよ。『ロサンゼルスで働くのは最高だよ。ぜひ、その仕事を引き受けるといい。幸運を祈るよ』ってね」彼は笑う。「でも白々しい嘘だった!」
　結果からすると、『Life 真実へのパズル』は長くつらい仕事だった。2年にわたって週70時間も働き、午前4時に仕事が終わる日もざらにあった。妻にとってはもっとつらい時期だった。いつも晴れている場所とはいえ、見知らぬ街で2人目の出産を控えていたのだから。
　だが、『ホームランド』は別だ。シーズン2の撮影はワシントンD.C.の代わりにアメリカ東海岸、ノースカロライナ州のシャーロットで行われた。
　「(シャーロットの方が)ロンドンの自宅に近い。どちらかと言うと、群像劇的な作品だったから、そこまで根を詰めて働くこともなかった。数日休みができたら、飛行機に乗って家に帰ったよ。夏休みは子どもたちが会いに来てくれたりした。1日中、プールに出たり入ったりして過ごした」
　Mrルイスはビールを飲み終えた。「要するに完璧だった。きちんとその役を演じさえすればよかった。僕のせいですべてがダメになってしまうなんてことにはならないからね!」

THE REPORT
パーフェクトタイミング

MR PORTERセレクトによる2012年世界的な時計の見本市で話題になった腕時計から最良の10モデルを紹介。

多くの男性にとってシャツのカフスからのぞく腕時計は、その人のスタイルを表すものである。それがステンレススチールであれローズゴールドであれ、スイス製であれ日本製であれ、スポーティーであれエレガントであれ、タイムピースというものは、身に付ける人の所得階層よりもはるかに多くのことを語る。だからこそ、どこでも時間を知らせてくれる便利な携帯電話というものがあるにもかかわらず、世界中のラグジュアリータイムピースの売り上げが、これほどまで好調だったことはない。時計業界が新作発表のために年に2回開催している見本市（1月ジュネーブで行われる〈国際高級時計サロン（SIHH）〉と春にスイスで行われる〈バーゼルワールド〉）が、重要になっているというのが、ラグジュアリーピースの売上好調の背景にある。ここでは、2012年のコレクションからもっとも優れた10モデルを紹介する。

1
JAEGER-L^ECOULTRE
ディープシー・ヴィンテージ・クロノグラフ

1959年に発表されたダイバーズウォッチから着想を得たこの新しいDeep Sea Vintage Chronographは、オリジナルモデルの文字盤の色とベゼルのデザインを引き継いでいる。まるで50年前に製造されたかのように見えるが、現代のクロノグラフムーブメントが正確さを保証してくれる。映画『アーティスト』で主役を務めたMr ジャン・デュジャルダンがアカデミー賞主演男優賞を受賞し、オスカー像を受け取ったときに《Jaeger-L^ECoultre》の〈Memovox Tribute to Deep Sea〉を身に付けていたことも付け加えておこう。

jaeger-lecoultre.com

1

2

2
AUDEMARS PIGUET
ロイヤル オーク オートマティック 41MM

　1972年に《Audemars Piguet》は、Mr ジェラルド・ジェンタがデザインした〈Royal Oak〉を発表し、時計業界に衝撃を与えた。〈Royal Oak〉は世界初のステンレススチール製ラグジュアリースポーツウォッチであり、幾何学的デザイン、素材、そして、価格のすべてにおける既成概念をくつがえした。やがて、この時計は世界中を飛び回る人々の必需品となり、いまでは時計の歴史的アイコンとなっている。2012年に発表された、初心者にも扱いやすい自動巻きの〈Royal Oak〉は、新たに41ミリメートル幅のケースと自社製ムーブメントを採用している。

audemarspiguet.com

3

3
OMEGA
スピードマスター レーシング

　《Omega》の手巻き式〈Speedmaster Professional〉が時計ファンの間でもてはやされているのに対して（月まで行って帰ってきたこの腕時計にふさわしいことなのだが）、自動巻きの〈Speedmaster〉はつねに実用的な選択肢とされてきた。スポーティーでカラフルなこのクロノメーターは、《Omega》とモータースポーツとの絆をさらに強めている。この時計を買うことで、コーアクシャル・エスケープメント搭載のフルパッケージを手に入れることができる。

omegawatches.com

4
CARTIER
タンク ルイ カルティエ XL スリムライン

　時計がポケットに入れるものから手首につけるものへと変化したのは《Cartier》の〈Tank〉のおかげである。1918年にまでさかのぼってアメリカ陸軍のパーシング将軍から、Mr クラーク・ゲーブルやMr モハメド・アリにいたるまで、あらゆる人々が好んで身に付け、商業的な成功を収めた初の腕時

4 5

計だ。《Cartier》は、限りなくスリムな機械式ムーブメントによってクラシカルな30年代の美学を際立たせた（1922年にはじめてこの独特なケースのデザインを採用したモデルが登場）。洗練さにおいてこの時計と肩を並べられるのは、Jaeger-LeCoultreのReversoだけだ。

cartier.uk

5
ROLEX
スカイドゥエラー

　《Rolex》が毎年まったく新しいモデルを発表するのは稀なことだ。ましてや、複雑機構を取り入れた腕時計に関してはもっと稀である。実を言うと、《Rolex》は60年代を最後に、複雑機構を採用した腕時計を製造していない。しかし、2012年の〈バーゼルワールド〉で《Rolex》は、第2タイムゾーンを同時に表示し、暦によって異なる1ヵ月の長さを計算できる高度な年間カレンダー機能を含むGMT機能を搭載した、まったく新しい腕時計のコレクションを発表した。ケース幅42ミリメートルのこの腕時計は、ホワイトゴールド、イエローゴールド、エバーローズゴールドから選ぶことができる。

rolex.com

6
TAG HEUER
カレラ キャリバー 17

　Mr ジャック・ホイヤーは自身の名を冠したブランドの父であり、20世紀を代表する数々の有名なクロノグラフをデザインした人物でもある。《TAG Heuer》は、Mr ジャック・ホイヤーの80歳の誕生日を記念して、2012年にブランドのデザインを氏に再び依頼した。60年代のオリジナル〈Carrera〉の影響を色濃く残すケース幅41ミリメートルの限定版〈Carrera〉は、クラシックなHeuerであり(TAGグループが80年代にブランドを買い取るまではホイヤー社と呼ばれていた)、自社製ムーブメントを搭載したこの腕時計の文字盤にもその名が刻まれている。

tagheuer.com

7
PATEK PHILIPPE
ノーチラス ホワイトダイヤル

　この腕時計において新しいことは、文字盤が白いことだ。《Patek Philippe》の世界では、これは十分大きなニュースに値する。ケース幅40ミリメートルの

〈Nautilus〉はラグジュアリースポーツウォッチの真髄を体現している。〈Nautilus〉は長年にわたって、落ち着きある青みがかったグレーの文字盤を採用してきたが、2012年にアークティックホワイトの文字盤を発表。新色によって腕時計の雰囲気はがらりと変わり、より若々しい見た目になった。〈Nautilus〉を購入するには、まずは予約リストへの登録が必要なので、新作の5711に興味がある人は、近くのPatek Philippe取扱店に連絡することをおすすめする。

patek.com

8

8
BULGARI
ダニエル・ロート パピヨン ボヤジャー

まさに、頑固な時計ファンにふさわしい一品である。《BULGARI》の〈Papillon Voyageur〉は異なる一連のディスプレイ装置によって同時に2つのタイムゾーンを表示できる。ホームの時間は12時の位置にある開口部に表示され、グリニッジ標準時は中心の文字盤にある青いポインターで表示される。分は半円のディスプレイと連動して動く、回転式の青い分針によって表示される。なんだか複雑そうだが、これこそ、まさにこの限定版を購入できる99人を惹きつける理由なのだ。

bulgari.com

9
PANERAI
PAM 438 "トゥットネロ"

珍しい素材使いこそ、《PANERAI》がもっとも得意とすることだ。イタリアでデザインされ、スイスで作られる腕時計ブランドは、2011年の〈SIHH〉のハイライトのひとつとして、ブロンズケース製の腕時計を発表。2012年に発表された〈PAM 438〉はセラミック製のケースに収められているだけでなく、ブレスレットもすべてセラミック製だ。ケース幅44ミリメートルのこの腕時計には傷防止加工が施され、自社製の自動巻きムーブメントさえも黒く身を包んでいる。サイズの割には洗練された腕時計なので、ディナージャケットと合わせるとどんなに素敵か、容易に想像できるだろう。

panerai.com

10
HARRY WINSTON
オーパス 12

毎年〈バーゼルワールド〉で誰もが口を揃えて「Opus見た?」と言う。《HARRY WINSTON》は独立系の時計製造業者のなかでもキングメー

カーとしての地位を築いてきた。というのも、《HARRY WINSTON》は毎年、前途有望な時計職人がデザインしたOpusモデルを発表するからだ。2012年は、Mr エマニュエル・ブーシェが考案した、時刻は文字盤中央の時針と分針によって告げられるのではなく、外側から駆動する12組の針によって告げられるというコンセプトを採用した。ごく限られた数しか作られないので、ほとんどはハイエンドな収集家たちのものとなる。

harrywinston.com

10

THE REPORT
テイクミーアウト

　都会で過ごす週末の夜のためにドレスアップすることは通過儀礼のようなものだと、イギリス版『エスクァイア』誌の編集者Mr アレックス・ビルムズは言う。

　世界中の多くの場所においても言えることだと思うが、私の故郷イギリスでは金曜の夜にドレスアップするのは労働者階級ならではの考えで、いわば、がんばった男子へのご褒美のようなものである。ブルーカラー的なものとも言えるかもしれないが、実際に身に付ける襟(カラー)の色は白であることが多い。というのも、知的階級がビジネススーツからよりカジュアルなものへと服装を変えて来たるべき週末を祝うのとは対照的に、労働者階級のダンディ

は、仕事から帰宅すると爪の汚れをきれいに落とし、街で過ごす一夜（お酒とダンスフロアも含まれる）のために一番スマートな洋服に身を包むからだ。

　こうした儀礼は、労働者の手に刻まれた皺と同じように深く浸透している。映画『土曜の夜と日曜の朝』で、ノッティンガムシャーの工場で働く男を演じるMrアルバート・フィニーが夜の一気飲み大会に備えてネクタイをまっすぐにしている様子を思い浮かべる人もいるだろう。あるいは、ブルックリンのペンキ屋で働くトニー・マネロ役のMrジョン・トラボルタが白い3ピースに身を包み、ディスコ〈2001オデッセイ〉で踊り明かす様子を思い起こす人もいるだろう。

　私自身はそれほど重労働に携わってこなかったと言ったら驚かれるかもしれないが、順応主義的な9時～17時の繰り返しからの解放である週末にずっと惹かれてきた。普通の人々が夜に向けた生き物へと変身することを可能にし、日常にちょっとした休息を与えるこの一時的な逃避において、洋服はもっとも強力なシンボルとしての役割を果たす。

　しかし、歳を重ねるにつれてドレスアップの仕方は変化する。時代が80年代から90年代へと移り、私が10代から20代になったとき、快楽主義者だった私はロンドンの怪しげなナイトクラブの常連で、ビール片手に金曜の夜から日曜の昼にかけて踊った。その頃はいまとは違う服装で、週末ごとに異なる人格(ペルソナ)を装っていた。まずは、《Michiko Koshino》のボンデージパンツ、《Dirk Bikkembergs》のボバーブーツ、《Ann Demeulemeester》のデコンストラクテッドシャツなどに代表されるポストパンクのリバイバルがあった。その次に、キラキラの《Burro》のシャツに《John Richmond》のレザーパンツ、《Patrick Cox》のスネークスキンに象徴されるグラムロックへの追随。さらには、《Vivienne Westwood》のジャケット、《W&LT》のTシャツ、《Junior Gaultier》のパンツに目の下にはアイライナー（なにごともまず試してみることだ）で装ったニューヨークのクラブキッズ気取りの格好。そして、黒い《Helmut Lang》のスーツ、《Comme des Garçons》のグランダッドカラーシャツ、アイデンティティブレスレットに象徴されるネオモッズスタイル。ほかにも大胆な気分のときに着ていたいくつかのアイテムを思い出す。

　同世代の男性のなかには、金曜の夜の服装と言っても、サファリシャツや清潔な勝負下着くらいのことしか考えない人もいた。でも、若い頃の私は派手にめかしこむのを好んだ。金曜の夜ではないときも、たとえば火曜の昼休みでも《Duffer of St.George》のチョコレートブラウン色のフェイクファーコートを着ていた。私は意気揚々と36番のバスに揺られてペッカムから

ニュークロスゲートへと向かったものだ。

映画『土曜の夜と日曜の朝』(1960年)でアーサー役を演じるMr アルバート・フィニーとドーリン役のMs シャーリー・アン・フィールド

　時代は変わり、ファッションも進化して男たちは歳をとる。20代終わりから30代初めにかけて、90年代から2000年代のロンドンのメディア社会を肌で感じた私は保守的な服装をするようになった。《John Smedley》のクルーネックと《Lacoste》のポロシャツに《Levi's》のジーンズまたはカーゴパンツ。足元はイングリッシュブローグシューズか《Converse》のスニーカー。夏には《Harrington》、冬には《Barbour》のジャケットを羽織った。華やかな気分のときには、たまに《YMC》や《Martin Margiela 10》のアイテムを加えたりもした。ナイトクラブではなく、ガストロパブに行った。パーティーピルはマテ貝に代わり、踊らずにお酒を飲んだ。そして、金曜の夜も月曜の朝と変わらない服装をした。スキニージーンズを穿くには歳をとりすぎ、洋服を仕立てるには、まだ若すぎた当時の私は、ほかの誰かになるのではなくありのままの自

分で街に繰り出した。退屈かもしれないけれど、誠実だった。

そして、再び時代は変わった。ある金曜の夜、私はロンドンの西側にある、しゃれたタウンハウスでの40歳の誕生日を祝うディナーパーティーに参加した。《Polo Ralph Lauren》のネイビーのギンガムチェックシャツに《Richard James》のコーデュロイジャケットを羽織り、マスタードイエローの《Drake's》のネクタイに《A.P.C.》のジーンズ、《Corgi》のストライプ靴下にクリスマスセールで手に入れたチョコレート色の《Tricker's》のスエードのモンクストラップシューズという格好だった。

今日、そして、次の金曜の夜のための教訓を与えよう。ドレスアップして夜の街へと繰り出すときは、年相応の装いをすること。ここでいくつかの所見を述べる。

20代のあなた

あなたは若くてスリムで独身で誰とも付き合う準備ができている。なにをしても許される。だからといって、なにをしてもいいわけではない。勝負下着についてもよく心得ているけれど、もし、《J.Crew》が手に入るなら、いいボクサーパンツがあるのでおすすめしたい。箱から出したばかりのきちんとしたスニーカー、よりトレンドを意識するなら《Common Projects》や《YSL》のハイカットのものがいいだろう、《Nudie Jeans》か《Jean.Machine》のジーンズ、《McQ》か《B Store》のTシャツ、そして、《Raf Simons》か《A.P.C.》のボマージャケットが必要だ。若き友よ、あなたはファッションのフォロワーではなく、トレンドセッターだ。楽しめるうちは、大いに楽しんでほしい。

30代のあなた

あなたは歳を重ねた。以前ほど、スリムではないかもしれない。独身ではないかもしれないけれど、誰とでも付き合う準備はできている。30代になって、ようやく使い捨てのファッションではなく、品質、由来、タイムレスなスタイルを学びはじめる。現代的なクラシックが鉄則だ。《Oliver Spencer》のシャツ、履き慣れた《Grenson》のブローグシューズ、スリムフィットの《Burberry Brit》のコットンツイルパンツ、《Acne》のジャケット。粋で、年相応で、流行に引きずられないものが好ましい。

40代のあなた

　思い通りの年齢になった（要は歳をとったということ）。ネクタイを外すだけでは、もう企業戦士とパーティー屋の自分を切り離すことはできない。Tシャツにジーンズという組み合わせは、威厳ある姿とは言えず、むしろ悲劇的だ。装いはカジュアルかつエレガントでありながらオンの状態であること。《Incotex》のチノパンと《Margaret Howell》のシャツの上に《Richard James》のブレザーか《Burberry Prorsum》のショールカラーカーディガンを合わせてはどうだろう。《Alexander Olch》のネクタイも試してほしい。なぜか明確な定義がないスマートカジュアルというのはひどい表現だけど、ここではさほど見当違いでもないのだ。

50代およびそれより上のあなた

　素晴らしい。あなたは年長者のスタイルを確立するのにもう少しのところまできている。さらに、流行という絶対命令からも自由になった。上品である権利を勝ち取り、正当な品質への投資を惜しまない。ソフトテーラリングとは、まさにあなたのために作られたものだ。《Charvet》のシャツ、《Loro Piana》のブレザー、《Canali》か《Ralph Lauren》のスラックス、《John Lobb》のチョコレート色のスエードローファー、《Turnbull & Asser》のポケットチーフ。あなたこそ、誰もがいずれはそうなりたいと憧れる人物だ。そして、誘われればいつでも最高のダンスだってできる。

THE INTERVIEW
Mr デヴィッド・ホックニー

華やかでスタイリッシュ、そして、遠慮のない物言いで有名なイギリスの偉大なる画家がMR PORTERに語る。

ブリーチされた金髪ではなく、グレーの髪。金ラメではなく、グレーのジャケット。だが、鮮やかな赤のウールのネクタイに丸メガネ、そして、つられてこっちまで笑顔になってしまいそうな口元は変わっていない。1962年にロイヤル・カレッジ・オブ・アート(RCA)から金賞を授賞したときのようなフェイクゴールドのジャケットとお揃いの美しい金髪のように目立つ格好とまではいかなくても、彼がいまやイギリスでもっとも愛されている画家のMr デヴィッド・ホックニーであることに違いはない。

「若い頃の自分が75歳になった自分を見て、それが、自分だと理解できるものでしょうか？」とMr ホックニーに尋ねる。「もちろん。その頃の私は生意気なスクールボーイだったし、いまもそうだ。友人のほとんども同じことを言うよ」地方都市ブラッドフォードから到着したばかりにもかかわらず、60年代のスウィンギングロンドンの象徴になった若くて陽気で自信に満ちた男——当時のMr ホックニーは、RCAが欠席を理由に落第させようとすると、臆面もなくウソの卒業証書をこしらえたのだ。「馬鹿らしい。学校はどんな学位を与えたらいいかで気をもんでいたんだ。そんなことよりも、なにを教えてくれるかで気をもんでくれって言ってやったんだ」Mr ホックニーが、その世代でもっとも話題を集めるアーティストになるや否や、学校はその脅しを撤回して学校の宝として彼に惜しみない賞賛を送ったのだった。

1966年にイギリスを離れ、アメリカへ渡るというMr ホックニーの決断は衝撃を与えた。「イギリスでもっとも輝かしい若いアーティストのデヴィッド・ホックニーが英国を去る」と『サンデー・タイムズ』が伝え、「ポップアーティストの突然の退出」などの見出しが躍った。「初めてニューヨークを訪れたのは1961年だった」と彼はふり返る。「正直に言うと、ニューヨークに着いた瞬間、『ここだ』と思ったんだ。ニューヨークは開放的で24時間休むことのない街

だ。なんて素晴らしいんだって思ったよ。そう、ロサンゼルスに行くまではね」
　太陽、セックス、そして、自由を求めるうちにMr ホックニーはロサンゼルスのいかがわしさが漂う路上生活の描写、またスイミングプールやシャワーを浴びる男たちを描いた有名な作品を通して、独自の西海岸美学を確立していった。「ロサンゼルスに移ったとき、みなが文化の不毛地帯にやってきたと言ったけど、そうは思わなかった。もし、誰かがアンディ・ウォーホルこそ20世紀のアメリカでもっとも偉大なビジュアルアーティストだと言ったとしたら、私はノーと答える。だって、さらにウォルト・ディズニーという偉大な人物がいるからね」
　太陽が降り注ぐカリフォルニア州マリブに初めて居を構えてからおよそ30年後の１９９７年、Mr ホックニーは自身のルーツであるイースト・ヨークシャーに戻り、曲がりくねった小道やうつろう四季を描いた。これらの画題はロイヤル・アカデミー・オブ・アーツで開催された大規模な展覧会「A Bigger Picture」の中核を成したのである。「クリスマスは毎年ブリドリントンで母と姉のマーガレットと過ごす。唯一の独身の息子としては避けられないんだ。天気を含めてブリドリントンの雰囲気が暗すぎるんじゃないかって心配だった。だって、冬の日照時間は6時間なんだよ」それにもかかわらず、Mr ホックニーは幼い頃から親しんだ風景と恋に落ちた。「ひとりになれる離れた場所に画題があったのがよかった。それと、ヨークシャーでの生活は比較的自由なんだ。オフィスがロサンゼルスにあるので、夕方6時（ブリドリントンとロサンゼルスの時差は通常8時間ある）にならないとみんな出勤してこない。すべてのことがブリドリントンもしくはハリウッドで起こるから、みんなミックスして"ブリドリウッド"とか"ハリントン"って呼ぶようになったよ」
　たしかに、近年のMr ホックニーのヨークシャー台地の森林や野原への進出には、映画製作の価値観にも通じる妙技がある。この10年間、Mr ホックニーはこれまで手がけたなかでも最大の作品、つまり見る人を包み込むような、いくつものキャンバスの壁面で構成された幅40フィート（およそ12メートル）の作品だけでなく、初めて9つのスクリーンを使用した映像作品のように、つねに進化する技術を使って実験してきた。「どこかにじっと佇んでなにかを見るのではなく、ずいぶん前にカリフォルニア南部にいた頃から、スケールの大きさゆえに風景画を描くようになった。だから、ヨークシャーでも同じことをしたんだ」
　Mr ホックニーは、事物を決められた位置からの静止画として捉えるのではなく、かつての中国の画家たちが愛したような複数の非線形の遠近法、

それも彼が言う「西洋の画家たちのように穴や窓から世界を見ること、すなわちテレビやカメラのように世界を見るのではなく、入り込むことができる風景として世界を見る方法」を好んだ。Mr ホックニーは、レンズを用いる媒体の抑圧的な性質にかつては声高に異議を唱えた。「中国の画家たちにとって描くということは、手と目と心を使うことだった。こうしたものの代わりなんて存在しない。写真だけで、どうやって世界を描写しろと言うんだ？ カメラを理解することはどちらかと言うと退屈だし、拘束される」
　カメラとは対照的に、2010年の発売以来愛用中のiPadの21世紀版ピンナップボーイのMr ホックニーがここにいる。彼の展覧会がロイヤル・アカデミー・オブ・アーツで開催された当時、メインギャラリーには51点もの巨大なiPadによる作品が展示された。ヨークシャーのブリドリントン郊外にあるウォールゲートと名付けられた道を描くのと並行して、1週間にひとつの作品を作るペースで仕上げてきたわけだ。「できる限りの速さで作品を描いた、ファン・ゴッホのようにね」とMr ホックニーは言う。でも、どのようにして絵の具からピクセルへの急な転向を説明してくれるのか。「使い古された主題というものは存在しない。使い古されるのは、風景を描写する手段だけ。だから、ほかの手段を模索するんだ。どの世代もそうしてきた。薬品を使った写真技術時代の終焉を迎えると同時に、私たちはデジタル写真とPhotoshopの時代に入った。それは絵を描くことと変わらない。1839年以降、薬品に頼っていた現像作業を改めて手で行うようなものなんだ」
　iPhoneというポケットサイズの機械がMr ホックニーのペンやスケッチブックに取って代わった。私たちのインタビューの間も、iPhoneが大音量で鳴り、難聴を抱えるアーティストはインタビューを中断しては、今回の大きな展覧会を実行するにあたっての健康状態やストレスについて、電話の向こう側にいる医師か誰かと話をする。「展覧会が終わったら、保養のためにドイツの温泉地バーデン・バーデンに行く」そうだ。ロサンゼルス人気質をお持ちですねとほのめかすとMr ホックニーは言った。「ロサンゼルスから離れていないよ。それを証明するために、オフィスを外出する際にはハリウッドっぽいフレーズを使うんだ。『私はロケ中』ってね」

THE CLASSICS
ショールカラーカーディガン

このニットスタイルがどうして確実なヒットアイテムとなったかを探る。

映画『シンシナティ・キッド』のセットでのMr スティーブ・マックイーン(1965年)

　第7代カーディガン伯爵ジェイムズ・ブルデネル英国陸軍軽騎兵旅団長の軍人としての経歴はさておいて、もとは爵位を示したカーディガンという服飾史の産物は、発祥以来の現在でも日常的に親しまれている。このカーディガン、一説によると、セットした髪を乱さずニットを着たいと思った伯爵自らが考案したスタイルだという説がある。しかし、それより広く知られているのは、19世紀半ばのクリミア戦争のときに軽騎兵旅団長と将校たちが似たようなものを着ていたことから、ジャケットスタイルのニットが人気になったという別の説だろう。いずれにしても、カーディガンがワードローブの必需品となったいま、私たちは、カーディガンが生まれた経緯について伯爵に感謝しなけ

ればいけないだろう。もちろん、Ms ココ・シャネルとアイビールックも忘れずに。

　もとはビクトリア時代（1837-1901年、ビクトリア女王の治世）のスモーキングジャケットに由来するショールカラーが、いつどこでカーディガンと合体したのかは不明だが、このハイブリッドスタイルの初期の形は20年代にまでさかのぼることができる。スモーキングジャケットが室内着であること、そして、カーディガンが着心地のよさを重視することから両者の融合は自然な成り行きだと考えられるだろう。さらに、スモーキングジャケットから派生しているせいか、ショールカラーカーディガンには、ボタンで留めるニット全般が持つ古臭いイメージを払拭してくれるような、どことなく艶めいた雰囲気がある。

　ショールカラーカーディガン特有の粋なスタイルと着心地のよさ（長めの襟が顔まわりをより引き立たせるように縁取ってくれることは言うまでもない）は、テレビドラマ『刑事スタスキー＆ハッチ』からMr スティーブ・マックイーンやMr ポール・ニューマンを経てMr ダニエル・クレイグにいたるまで、時を超えて大勢のファンを獲得し、スタイルアイコンとしての地位を確立した。

映画『冒険者たち』のセットでのMr アラン・ドロン（1967年）

ロンドンにて、Mr ダニエル・クレイグ（2012年）

MEN OF NOTE
パフュームジーニアス

批評家に絶賛されたシアトルを拠点に活動するミュージシャンのMr マイク・ハドレアスがお気に入りの5曲を教えてくれた。

「Oh, Sister」
ボブ・ディラン

「いつも『Oh, Sister』みたいな曲を書こうとしている。簡単そうに聴こえるけど、ひとつひとつの言葉が科学的と言えるほど完璧に配置されているんだ」

「Only Skin」
ジョアンナ・ニューサム

「15分ほどの曲なんだけど、この曲をかけると皿洗いさえもがちょっとした叙事詩のような体験になる。もしくは、うつ伏せになって曲中ずっと泣き続けるのもいいね。ジョアンナは完璧な魔法使いだ。歌詞を読むだけでも十分に素晴らしい価値がある」

「Flower」
リズ・フェア

「思春期直前の頃、ウォーターベッドに座ってこの曲をかけたときのことを覚えている。自分のセクシャリティーにいつも恐怖を抱いていたのに、女の人がてらいもなくそれを表現しているのは本当に怖かったと同時にインスピレーションを与えてくれた」

「For Your Precious Love」
オーティス・レディング

「この曲について言うべきことがあるだろうか? なにか言うのは逆に失礼だと思う。真実を語っているレディングに耳を傾けてうなずいていればいい」

「Pacer」
アンプス

「アルバムのタイトルになった曲。初めて都会に住んだときのアパートメントにあった数少ないCDのひとつだ。いまでもこの曲を聴くと酔っ払ったような気分になる」

THE CLASSICS
ボマージャケット

　大統領、英雄、そして、反逆者たちのお気に入りのジャケットが、耐久性に優れたスタイルの真髄となった理由を探る。

　驚くほど多機能でスタイリッシュに見えるフォルム。ボマージャケットは、プレッピーなシャツとネクタイを合わせてドレスアップするのもいいし、ジーンズとスニーカーを合わせてカジュアルに着るのもいい。

戦争映画『頭上の敵機』(1949年)のセットでのMr グレゴリー・ペックは飛行用ゴーグルにブーツというビンテージのアビエータールックを完璧に体現している

航空機のコックピットにまだ暖房がなく、暴風雨にさらされるがままの状態だった頃、パイロットの動きを制約することなく暖かさを保つ特別なジャケットは必需品であった。アメリカ陸軍の航空衣料評議委員会が1917年に初めて開発したデザインがボマージャケットの起源となる。その4年後に、ボマージャケットを着たアメリカ陸軍航空隊のジョン・マクレディー中尉は、オープンコックピットによる高度4万フィート（およそ1万2000メートル）での飛行記録を打ち立てた。ジャケットの初期モデルは、牛革や羊革（ムートン）製だったが、航空宇宙技術の進歩によってコックピットが密閉され、暖房も設置され、機器の増加と簡素化された機体を実現するために機内が狭くなるにつれて、かさばらないジャケットの需要が高まり、結果、より軽い素材を使うようになっていった。それでも、ボマージャケットの特徴は昔とそれほど変わっていない。

　座った状態で着ることを想定してデザインされた短めの着丈、動きやす

映画『東京ジョー』（1949年）のセットでのMr ハンフリー・ボガートはスタイルを表現するには服だけでなく、アティテュードも大切であることを教えてくれる

さ重視のゆったりとした袖とゆるやかな肩周り、心地よくフィットする袖口とウエストバンド、そして、たくさんのポケット（簡単にペンを出し入れできる袖ポケットも含む）が、いまでもほとんどのボマージャケットの特徴である。

その慣習が禁止されるまで、多くの航空隊員はジャケットに飛行隊のワッペン、階級章、連隊のエンブレムなどを貼って、自分たちなりのカスタマイズを楽しんだ。ジャケットの後ろには操縦する航空機や機体のアートワーク（ほとんどがピンナップガールを描いたもの）をあしらった手の込んだデザインがほどこされたり、任務の成功数や撃墜した数などが描かれたりした。

飛行士には、見知らぬ土地で撃ち落とされたときに備えて、ジャケットの裏地に地図を縫う者もいれば、墜落した操縦士を救助することによって報酬が得られることを現地住民に訴えかける、現地語で記された〈人物証明書〉などを付ける者もいた。異なる色の裏地は戦争における功績を表すこともあった。たとえば、ある部隊では空中で5人の敵を撃墜した飛行士には赤いサテンの裏地を付けることが認められた。

カスタマイズされていようとなかろうと、ボマージャケットは長年軍隊でも人気のアイテムだ。しかし、揺らぐことのない需要にもかかわらず、ときとしてアメリカ軍はコストの上昇を防ぐため、生産量の制限を余儀なくされることもあった。その人気さゆえにボマージャケットが民間人のワードローブやポップカルチャーへと浸透していったのも納得できる。

軍の最高司令官としての権威を示したいときにムートンを衿に付けたフライトジャケットを誇らしげに羽織るアメリカ大統領や、映画『THIS IS ENGLAND』に登場したスキンズやアイビーリーグの学生から、彼らの着ているチームジャケットみたいなつもりの90年代ヒップホップスターまで多機能でモードなボマージャケットには時代を超えた魅力がある。それでも、まだ「魅力の理由は？」と訊くなら、2011年にもっとも話題になったメンズスタイルは、Mr ライアン・ゴズリングが映画『ドライヴ』で着ていたボマージャケットだったと言っておこう。

映画『理由なき反抗』(1955年)で主演を務めたMr ジェームズ・ディーンのおかげでボマージャケットはジーンズとともにファッションのメインストリームに加わった

THE INTERVIEW
Mr アーヴィン・ウェルシュ

『トレインスポッティング』の前編となる小説『スキャグボーイズ』の出版に合わせて、しばしば物議を醸してきた作家が、不良という行為、70年代パンク、そして、小ぎれいなシャツスタイルについて話してくれた。

　ロンドンの会員制クラブ〈ジ・アイビー〉でMr ウェルシュはスコットランド人らしくもない緑茶をウェイターに注文し、『スキャグボーイズ』の出版を記念して行われた2都市での長期にわたる怒涛の祝祭を終えて少し疲れたと告白した。まずは、ダブリンで仲間内の夜のパーティー、そして、ロンドンに移動して出版社や評論家との"シャンパン・スーパーノヴァ"的なパーティー。いまはこうして自らデトックスの最中である。
　ようやく二日酔いが治ると、Mr ウェルシュは、"『トレインスポッティング』の前編"と呼ぶにふさわしい最新作がもたらした驚くべき成功を静かにふり返った。「長い間、出版業界にとってフィクションのジャンルがすべてだった。だから、こうした作品がこんなに売れるのは珍しいことなんだよ」。

"普段はあまり本を読まないような人が読む本"を書いたことが成功の理由のひとつですか？

　初めの頃はそうだったと思う。まさに『トレインスポッティング』は"普段は本を読まないような人が読む本"というカテゴリーに入る作品だ。『トレインスポッティング』が人生で初めて読んだ本だと、たくさんの若い人たちが言ってくれている。20年経ったいまでも、気難し屋で誠実なこの世代は、私とともに歳を重ね、ずっと私のファンでいてくれた。そして、いまではわりと読書好きの世代になったんじゃないかな。『スキャグボーイズ』の成功は、私が名付けた"『トレインスポッティング』効果"のおかげだと思う。前作品の登場人物に再会するという手法は多くの人々の興味を惹いた。だが、私の作品を読んだ人なら私がいつも行なっている手法だとすぐわかるはずだ。前の物語の

登場人物が、突然ほかの作品に乱入してくるのはよくあることなんだ。

ロンドン、アムステルダム、ダブリン、リース、エディンバラに住んだ経験をお持ちですが、現在はどこに住んでいますか？　定住しない理由は？

　いまはシカゴが拠点だけど、マイアミにも家があるし、ハリウッドでの仕事もあるので、ロサンゼルスにいることも多い。今回は、全部正式な手続きを踏んだよ。グリーンカードも手に入れたから定住と言えるかもしれない。だが、本当のことを言うと、ちょっと怖いんだ。ずっとロンドンとエディンバラという軸で生きてきたからね……。だけど、アメリカで仕事をするのにもだんだん慣れてきた。人生には、それぞれの時期に応じた街というものがあるからね。

マイアミ、シカゴ、ダブリン……。どこもアーヴィン・ウェルシュらしい場所ですね。エッジが効いていながらも、どことなくいかがわしい面もある場所と言いましょうか。都会生活からインスピレーションを得ることはありますか？

　どんな街にもそういった面はあると思う。ミュージシャンの友人やDJと一緒にシカゴにいるのは最高だよ。ボクサーと一緒に競馬場に行ったり、野球を観たりする。小説の世界と同じだね。でも、なぜかシカゴについて書きたいとは思わないんだ。ダブリンに住んでいる頃もそうだった。シカゴもダブリンも素晴らしい街だけど、どちらも古くからの風習が固定してすべてが然るべき場所にあって縛られているように思える。それに、こういった場所にはすでにたくさんの作家が住んでいるから、競争も熾烈だ。私にとってはマイアミのほうがずっと興味をそそられる。マイアミはいつも変化しているし、つねに新しいものが生まれる場所だからね。デザインもあればアートもある。バーには困らない。ダウンタウンはにぎわっているし、新しい野球チームだってある。と同時にとてもいかがわしい面もある。テレビドラマシリーズの『デクスター〜警察官は殺人鬼』や『特捜刑事マイアミ・バイス』や『CSI：科学捜査班』のようなテレビ番組がマイアミを舞台に選び、カール・ハイアセンのような作家がこの街に魅了されるのもダークなものと華やかなものの魅惑的な融合があるからだ。

執筆環境について教えてください。豪奢な防音の書斎をお持ちなのか、もしくは台所のテーブルで執筆するほうが好きですか？

　シカゴの家には広大な部屋があって、私はあえて"執筆用スイートルーム"と気取って呼んでいる。フロリダ州キーウェストにあるアーネスト・ヘミングウェイの家を訪れたときに、このアイディアが浮かんだ。ヘミングウェイは"執筆用スイートルーム"を持っていたから、私もそうしたんだ。私の部屋は片方の壁がオークのパネルで本がずらっと並んでいる。反対の壁には大きなテレビスクリーンがあって、映画の脚本を書くときには役に立つ。部屋の隅にはDJブースもあるし、一面が書きなぐりのメモやエピソードごとの物語や切り抜きや写真なんかに覆われた壁もある。テレビドラマ『CSI』のようにね。バルコニーもあって、のんびりしたり、仕事へ向かう人々を眺めたりする。でもマイアミには、みすぼらしい小さい寝室、正直言うと箱ほどの大きさしかないんだけど、そこで一番いい執筆をしているかもしれない。

スーツを着たことはありますか？

　90年代の初めに不動産業に関わっていたときはデキシーズ・ミッドナイト・ランナーズのアルバム『Don't Stand Me Down』の頃のケヴィン・ローランドのこぎれいなスタイルにひどく影響されていた。《Brooks Brothers》のスーツとかそういったものにね。その頃はヘロインにやられてたけど、ビジネスライクに見せないといけないって思っていたんだ。だから、強がってまずは見た目から入ろうとした。スーツがメインのヤッピースタイルに身を包んだ。マイアミではずっとショートパンツとTシャツでだらしない格好をしていたけど、いまはその真逆だ。昔ながらのフロリダの仕立屋が作ったリネンやシアサッカーのスーツを着ている。ほとんどがパステルカラーだね。カフスボタン、ポケットチーフ、パナマ帽といった小物も全部揃えている。映画『キー・ラーゴ』のハンフリー・ボガートのスタイルだね。マイアミでは、どの街よりもおしゃれをする。すごく暑い日もあるけれど、スーツ以外の服装で外に出ようとは思わない。

いまでもクラブに行ったり、DJをしますか？

　ロンドンにいるときはクラブ〈ファブリック〉に行くけど、もうあまりクラブには

行かなくなった。クラブの最年長者になるのはごめんだよ。この20年間ずっとそうだったから。あまりがんばりすぎると、結婚式に参列した変わり者の親戚のおじさんみたいにマヌケに見えてしまう。その代わりにDJセットを引っ張り出して、地元の音楽業界の仲間を呼んで家でパーティーをするんだ。私たちのことを笑う若い人たち抜きで、自分と同世代の友人たちとでね。

WOMEN OF NOTE
サンデーガール

　情熱的な歌い手のサンデーガールことMs ジェイド・ウィリアムズがお気に入りの曲をセレクトしてくれた。

「LOVE ME」
ストゥーシィ

　「ストゥーシィはTLCのような、クレイジーな3ピースのガールズグループ。英国放送協会(BBC)が毎年発表する〈サウンド・オブ・2012〉にも選ばれたの。どの曲も本当にやんちゃだけど、この曲は特にそう」

「Born to Die」
ラナ・デル・レイ

「ラナ・デル・レイに関する議論は尽きない。だって、彼女が大好きな人もいれば大嫌いな人もいるから。でも、私は素晴らしいと思う。誰もが『ボーン・トゥ・ダイ』のミュージックビデオのコンセプトを羨ましいと思ったはず。ラナが作りモノと言われると頭にくる。たしかに、唇には少しコラーゲンが入っているかもしれないけど、すべて自分で作曲する彼女は真の才能の持ち主だと思う」

「Mama do the Hump」
リズル・キックス

「リズル・キックスが大好き。だって、すべてのミュージックビデオが自作でどれもすごくオーセンティックだから。『Mama do the Hump』のビデオでは俳優のジェームズ・コーデンがダンスを披露していて、とにかく最高なの」

「Somebody That I Used to Know」
ゴティエ

「この曲は頭にこびり付いて離れない耳に残る曲ね。ラジオでかかると、気付けばいつも大声で歌っているの」

「Big in Japan」
マーティン・ソルヴェイグ

「マーティン・ソルヴェイグは天才で世界一のナイスガイ！ アルバム『Smash』に収録されている曲はどれもヒット曲。『Big in Japan』は、本当に楽しい曲なの」

THE INTERVIEW
Mr ジョン・ポーソン

　作品のいたるところに、スタイルにおける的確な観察力が表れている先駆的な建築家へのインタビュー。

　イギリス出身の建築家Mr ジョン・ポーソンは、ロンドン西部ノッティングヒルの自宅のキッチンで朝食をとりながら、幼い頃の建築にまつわる記憶を辿る。「子どもの頃はファウンテンズ修道院やリーヴォール修道院をよく訪れた。どちらもヨークシャーにあるシトー派修道院の跡地なんだ。そこで気付いたことがある。建築の素晴らしいところは、身体が反応してくれること、つまり、人の気分をよくしてくれるということだ」キッチンと庭を隔てるガラスの壁からは、初春の日差しが現代のミニマリズムの巨匠の言葉を裏付けるかのごとく注ぐ。
　しかしながら、Mr ポーソンを行動へと促したのは、20代の頃に日本人デザイナーMr シロウ・クラマタ（倉俣史朗）と交流したことであった。「Mr クラマタの作品は、まさに私が思い描いていたものの具現化だった。建築学校に通うようにと私に諭したのもMr クラマタだった」と説明する。英国建築協会付属建築学校にしばし身を置いた後、Mr ポーソンは実践をはじめた。まずは、当時のガールフレンドのアパートメントをデザインし、続けて彼女が働いていたロンドンのウエスト・エンドのギャラリーを手がけた。Mr ポーソンのデザインはその清廉さゆえに衝撃を与え、すぐに注目を浴びるようになった。有名なイギリスの作家兼旅行家のMr ブルース・チャトウィンはMr ポーソンがデザインしたアパートメントに関するエッセイを執筆したほどだ（1982年にアパートメントのデザインを依頼した後、チャトウィンは「A Place to Hang Your Hat」と題したエッセイを執筆）。
　ありがたいことに、Mr チャトウィンのような放浪者と違って、モノへの愛着を断ち切れない私たちにMr ポーソンは言う。「禁欲主義とは違う。一見するとなにもないような空間を見ることに喜びを感じるんだ。モノを溜め込まないようにするのは難しいことだし、持ち物を最小限にとどめるのは丸1日労力

を費やす仕事だけど、恩恵は得られる」子どもの頃から物質的な所有という誘惑に抵抗してきたそうだ。「子どもの頃に〈ブラックプール・プレジャービーチ（イギリスのブラックプールにある遊園地）〉でパーカー社のペンを何本かなくして以来、持ち物の心配をするのが嫌になった。だからモノに執着することをやめたんだ」と語る。

　洋服へのアプローチも同じように非感情的だ。「しょっちゅう建築現場にいるから、服のことを考えたくない。服はシンプルで粗野なものが好きなんだ。妻のキャサリンは、いつも青いシャツを着せようとするけど、結局は白に落ち着く」と言う。長年薄いグレーのケーブルニットを着てきたいま、洋服に少し変化が生じてきた。「最近は、茶色のカシミアのセーターやブラックジーンズも着る」。美しい素材使いが、Mr ポーソンの作品の特徴であるのと同様に、彼が言う「シンプルで粗野なもの」は、難しいアイテムではないが、必ずしも必要最低限のものとも限らないと説明する。「《Loro Piana》のプルオーバーニットをコレクションしている。クルーネックのプルオーバーニットは便利なアイテムだからね。シャツに関しては《Paul Smith》がいいね。靴下もここで買っているよ。丈が長めの黒い靴下が好きなんだ。すね毛が見えるのは嫌だからね」

　Mr ポーソンの世界観を理解したいと願う人々のために『A Visual Inventory』と題した書籍が出版された。この作品は、彼が10年かけて撮影してきた25万点の画像を集めた美しい写真集だ。「スケッチブックの代わりなんだ。目に留まるものを記録するためにカメラを使う。なにを見ているかではなく、どのようにして見ているかを記録するためにね」と説明する。さらに、この作品はMr ポーソンが訪れた数々の素晴らしい場所も紹介している。バイエルン地方の納屋からアリゾナ州の空軍基地、さらには、エチオピアの教会からスイスのモダニストのヴィラへと、読者を素晴らしい建築ツアーに誘ってくれる。

　ロンドン西部に話を戻そう。ここで、Mr ポーソンは60年代の見事な建物を利用して、数々の建築家やデザイナーの作品を所蔵する新しい〈デザイン・ミュージアム〉を生み出した。「ロンドン中心部の〈ホランドパーク〉の真ん中にこれほどの規模の建物があるのはすごいことだ。最上階からさらに16メートル上に屋根があるおかげで、エキサイティングな内装空間が実現できた」と言う。

　かつて、Mr ポーソンに影響を与えた中世の修道院は、建物が人にもたらす効果について教えてくれる。この考えがファッションブランドの店舗から

現代の修道院にいたるまで、すべてのプロジェクトを形作ってきた。「建築物には、ある種の高揚感や趣といった、なにか特別なものがある。それ以外のものはただのビルディングにすぎない」と教えてくれた。

作品

「Baron House(バロン・ハウス)」　スウェーデン／スコーネ　2005年
建物を取り囲む傾斜が、その土地の風土を取り入れたデザインをひっそりと隠している。近くの道路から建物を望むと、すっきりとした白いラインが広大な空に溶け込むような印象を受ける

「ABBEY OF OUR LADY OF NOVÝ DVŮR(ノヴィー・ドヴールの聖マリア修道院)」
チェコ共和国／ボヘミア　2004年
簡素なこの修道院はビロード革命(1989年に東欧の社会主義政権崩壊と前後してチェコスロバキアで起きた政治変動)以来、初めてこの国に建てられた修道院であると同時に、修道士の禁欲主義と調和した建物。「視覚および機能面での障害物がないので、修道士が想い描く生活を営むことができる」と語る

「Martyrs Pavilion(マーターズ・パヴィリオン)」　イングランド／オックスフォード　2009年
盛り上がった立地と、フィールド内のチョーク線のような直線的な大理石の土台によって眺めを重視したMr ポーソンのデザインは、公共のランドマークでありながらも、伝統的なイギリスのクリケット用パヴィリオンとしての機能性も兼ね備えている

THE CLASSICS
ポロシャツ

　スポーツという原点から銀幕のスタイルまで。夏の必需品であるポロシャツのタイムレスな魅力に迫る。

1962年8月、ロードアイランド州ニューポート沖でのジョン・F・ケネディ大統領の写真。ポロシャツのくつろいだ魅力がよく表れている

"クラシック"という表現は、メンズウェアにおいて乱用されがちだが、本当にこう表現するのにふさわしいアイテムがひとつあるとすれば、それはポロシャツだ。なぜなら、ポロシャツのデザインは、誕生した20世紀初頭以来ずっと変わっていないだけでなく、いまも素晴らしい形を維持しているからだ。ポロシャツをコレクションに取り入れたデザイナーをまとめたリストを延々と読み上げるよりも、そうしなかったデザイナーをあげるほうがはるかに楽だ。シャツとTシャツの橋渡しのような存在であるポロシャツは、私たちのワードローブに欠かすことができない要素なのだ。

　1926年にフランスのテニスチャンピオン、Mr ルネ・ラコステが、のちにポロシャツと呼ばれるアイテムを開発した。それまでテニス選手はテニスコートでも長袖のフロントボタンシャツをタイドアップしてプレイをしていた。この動きにくいユニフォームに飽きたMr ラコステは、ゆったりとした編みの半袖のコットンシャツをデザインしたのだ。折って着るフラットな襟(首元を日差しから守るために立てることもできる)、着丈の3分の1までの長さのボタン付きプラケットやリラックス感あるニット素材、短い袖、そして、前身頃よりも少し丈が長めの後身頃(試合中にまくれ上がるのを防いでくれる)は、いまでもポロシャツの特徴だ。Mr ラコステは自身の発明をテニスシャツと名付けて1933年に商品化した。

ポロシャツの進化

　20世紀後半になると、同じような経緯からポロ競技の選手たちも窮屈な伝統のユニフォームを捨て、Mr ラコステがデザインしたテニスシャツと似たものを着るようになった。テニスシャツではなく、ポロシャツという名称が後世に残った理由のひとつには、ポニーのモチーフを刺繍したシャツを1973年にパーマネントコレクションのアイテムに取り入れたMr ラルフ・ローレンの決断があったためとされる。さらに、ポロシャツはゴルフ選手からも愛され、鉛筆とスコアカードを収める胸ポケットが付いたものは、ときにゴルフシャツとも呼ばれた。そして、60年代のモッズファッションのファンやプレッピーな学生など、さまざまなスタイルの人々がポロシャツを着るようになっていくのだ。

いつポロシャツを着るべきか

　Tシャツよりはスマートだが、ポロシャツは本来カジュアルなアイテムである

1995年、パリにて。同年に公開された独創的な映画『憎しみ』に出演したMr ヴァンサン・カッセルは都会的なアティテュードでポロシャツの新たな魅力を引き出している

(堅苦しさからの解放と着心地のよさを追求してデザインされたのだから)ということもあり、かしこまった場で着るのは避けたい。プライベートのときはジーンズ、チノパン、ショートパンツ、カーディガン、ボマージャケットやサファリジャケット、または、シングルブレストのゆったりとしたブレザーのようなカジュアルなジャケットと合わせるのがいいだろう。テーラーメイドのフォーマルなブレザーと合わせるのは絶対に避けたいところだ。というのも、ポロシャツの襟がブレザーのラペルに隠れがちだからではなく、ジャケットからポロシャツの襟を出して着ることは絶対におすすめできないからだ。でも、ちょうどいいブレザーと合わせれば、ポロシャツは"スマートカジュアル"なイベントにぴったりとなる。

1965年、ロンドンに到着したMr テレンス・スタンプ。ジーンズ、ブーツ、腕時計があればどんなポロシャツのコーディネートも完成することを示してくれる。もちろん、ポロシャツにふさわしいアティテュードも大切だ

タックインするべきか、しないべきか

　ポロシャツをパンツにタックインしてもかっこいい場合はある（もちろん、お腹がペタンコであることが条件）。でも、私たちはタックインしないほうが好みだ。タックインすることがポロシャツのカジュアルで自由なDNAと相容れないからというわけではない。テーラーメイドのやわらかなブレザーやスーツとポロシャツを合わせてドレスアップするなら、タックインしないほうがよいだろう。そうでないと、フォーマルとカジュアルのおもしろいコントラストを失ってしまうだけでなく、最終的には普通のシャツと変わらない姿になってしまうのが

想像できるからだ。どうしてポロシャツをタックインするのに注意が必要なのか、いい例をあげよう。それは、映画『幸せの教室』のMr トム・ハンクスである。かわいいけれど少しお節介なタリアと、Mr ハンクス演じるラリーの「あなた元警察?」「いや、なんでそう思うの?」「ポロシャツをタックインしていたから」というやりとりを見れば、十分だろう。

　タックインする、しないの議論はさておき、ここではポロシャツを着るうえでのいくつかの注意点を紹介しよう。タダでもらった宣伝用のポロシャツや会社のロゴが入ったポロシャツ(「ペーパークリップ部2009年度チームビルディングデイ」と書かれたものをお洒落に着るのは本当に難しい!)などは避けること。そして、丈が長すぎたり、ぶかぶかでないように気をつけること。前はウエストまで、後ろはヒップにかからないくらいがちょうどいい長さだ。特にウエスト部分に生地が余っていると実物よりも太って見えてしまう。繰り返し洗濯するうちに襟がくたびれてしまったら、洗濯のりスプレー(でん粉製の洗濯糊のソフトバージョン)を使えば、パリッとした感触が復活する。そして最後に、さまざまな色を使うことを怖がらないでほしい。とりわけ、鮮やかな色のポロシャツは最高だ。おまけに太陽が輝いて、片手にカクテルがあれば文句なしだ。

STYLE ICONS
賞賛すべきセンスをもった32の男たち

Mr ジャン=ポール・ベルモンド

　Mr ジャン=ポール・ベルモンドはフランス、ヌーヴェルヴァーグにおける一番星だった。Mr ジャン=リュック・ゴダールの『勝手にしやがれ』(1960年)やMr アラン・レネの映画『薔薇のスタビスキー』(1974年)での演技は数々の賞賛を得た。彼のスタイルは模範的な服のセレクションと、それに対する圧倒的な無頓着という強力な組み合わせによって支えられている。

Mr スティーブ・マックイーン

　Mr スティーブ・マックイーンはスタイルアイコンの常連だ。少しは変化を、と思って本当は掲載しないつもりだったが、それは間違いだった。『大脱走』、『ブリット』、『華麗なる賭け』などの映画に出演し、オートバイを愛し、女優のMs アリ・マッグローと結婚し、誰よりもかっこよくチノパンを穿き、《Persol》のサングラスをかけた人を掲載しないわけにはいかない。

Mr ボブ・ディラン

　曲の歌詞が、公民権運動や反戦運動のアンセムにまでなった作曲家は滅多にいるものではないだろう。20世紀で、もっとも影響力のある文化人のひとりであるMr ディランに関しては外見だけにとどめて、かっこよく見せるには自分にぴったりの黒いレザージャケットがあれば十分だということのみ伝えておこう。

Mr クリストバル・バレンシアガ

　スペイン出身のデザイナー、Mr クリストバル・バレンシアガは、1937年に自身の名を冠した世界的に有名なクチュールメゾンをパリで創業した人物である。Mr バレンシアガは、スペイン女王、ベルギー女王、モナコのグレース王妃、ウィンザー公爵夫人のように、当時もっとも権力のあった女性のために服をデザインし、Mr クリスチャン・ディオールやMs ココ・シャネルをはじめとする多くの人々から「名匠」と呼ばれた。モノクロームのテーラリングの信奉者であるMr バレンシアガの名は、シャープなダブルブレストスーツと同義語になっている。

Mr ジョヴァンニ・アニェッリ

　イタリアの実業家であるMr ジョヴァンニ・"ジャンニ"・アニェッリはフィアット社の会長でもあり、当時、イタリアの真の王者と呼ばれた人物だ。60年代から70年代、そして、80年代にかけてイタリア経済とヨーロッパの上流社会を支配するなかで、ビジネスの洞察力とともに着こなしのセンスにおいても賞賛された。難しいことを簡単に見せる「スプレッツァトゥーラ(計算された無造作)」を極めた人物でもある。シャツの袖の上からはめた腕時計(時間節約のため)、わざと斜めに結んだタイや、ニットタイの大剣だけをニットのうえに垂らすなど独自のドレスダウンがトレードマークだ。

グレンコナー男爵

　第3代グレンコナー男爵コリン・テナントは、楽しいことが好きな人物として有名だった。だからと言って彼を非難してはいけない。ほとんどの人がホテルを予約して満足するところを、グレンコナー男爵は60年代後半に西インド諸島のムスティーク島を島ごと購入し、億万長者のための遊び場にしてしまったのだ。社交と人をもてなすことを愛し、マーガレット王女とも親しかったグレンコナー男爵は、鮮やかな色彩のワードローブを揃え、チュニックやつば広帽子をかぶり、まさに熱帯の族長といった服装で人気を博した。

Mr リバー・フェニックス

　1993年10月23日にこの世を去った、Mr フェニックスの早すぎる死によって、私たちは偉大な俳優と未来のスタイルアイコンを同時に失った。写真の Mr フェニックスは、優雅さと洗練の体現者として写っている。ディナージャケットを着たMr フェニックスの写真は、男性のエレガンスの真髄であるタキシードの正しい着方を思い出させてくれる。

Mr タハール・ラヒム

　フランスの東の国境にあるベルフォール出身の俳優、Mr タハール・ラヒムは、2009年に公開されたジャック・オディアール監督の刑務所を舞台にしたサスペンス映画『預言者』で世界中から注目を浴びた。2011年に公開された『第九軍団のワシ』では、動物の皮を使った見事なカモフラージュに身を包んでいたが、ここではシックでありながらも、フランスらしいリラックス感あるスタイルを演出できる彼の手腕に注目したい。

バイロン卿

　類まれな生きざまにかかわらず、19世紀のロマン主義の詩歌において、その文学的才覚ゆえにいまでも人々の記憶に残っているバイロン卿。1812年にレディ・キャロライン・ラム(メルバーン子爵夫人。イギリスの女流作家で一時はバイロンの恋人)は「向こう見ずで、邪悪で、知り合うことさえ危険」な人物と述べたが、私たちはバイロン卿の数々のロマンスや罪深さを感じさせるベルベットのローブが放つ赤紫色の陰影に惹かれてしまう。

Mr デヴィッド・ボウイ

　"サルトリアル カメレオン"こと、Mr デヴィッド・ボウイは楽々と5つのスタイルアイコンを演じることができる。でも、彼がもっとも素晴らしい服装をしていたのは70年代の終わりから80年代初頭にかけてだろう。その頃のMr ボウイはファッショナブルなテーラリングの世界を追求し、メンズウェアの伝統的な要素を完全に自分の物として着こなすことができることを教えてくれたのだ。誰もが写真のようなセージグリーン色のスーツを着こなすことはできないかもしれないが、ボウタイとプレイドシャツの組み合わせはぜひ参考にしたいものだ。

Mr マルチェロ・マストロヤンニ

　魅力溢れるイタリアの俳優、Mr マルチェロ・マストロヤンニはフェデリコ・フェリーニ監督の映画『甘い生活』でプレイボーイのジャーナリスト役を演じるや否や、スタイルアイコンとなった。カンヌ国際映画祭で主演男優賞を2回受賞した3人のひとりである彼の魅力には、十分な裏付けがある。Ms カトリーヌ・ドヌーヴとの間に子どもがいる彼に限りない敬意を捧げたい。

Mr ルパート・ブルック

　詩「兵士」(「もし私が死んだら、これだけは忘れないでほしい。異国の野原の片隅に、永遠の英国があることを」)を書いたイギリスの詩人Mr ルパート・ブルックは19世紀生まれにもかかわらず、非常に現代的なキャラクターの持ち主だった。1915年、トルコ北西部のガリポリへと向かう途中、虫刺されによる敗血症で亡くなったが、死の前に現代の私たちにも魅力的な「エレガンスにおけるロマン派の視点とはなにか」を教えてくれた。

Mr ポール・ニューマン

　Mr ポール・ニューマンは、途方もなくハンサムで、装いも完璧で、桁違いの才能の持ち主だった。それだけで心底、彼のことを嫌ってしまうかもしれないほどだ。おまけに、『熱いトタン屋根の猫』、『ハスラー』、『暴力脱獄』で数々の賞に輝いたスターであるのにもかかわらず、信じられないほどのナイスガイだ。写真のMr ニューマンは、彼が60年代にプレッピールックを完璧に着こなしていたことを証明している。

Mr エドワード・フォックス

　イギリスの俳優Mr エドワード・フォックスが演じたなかでもウィンザー公爵とジャッカルという2つの役は有名である。どちらもスクリーンで見事な服装をしていたのには、Mr フォックスの服への興味が影響している。いまでもサヴィルロウ仕立てのスーツに、ハンドメイドの靴で完璧にドレスアップするMr フォックスだが、ガーデニングをするときだけは誂えた服を脱いで着慣れたコーデュロイに身を包む。

Mr ルートヴィヒ・ミース・ファン・デル・ローエ

　モダニズムの建築家のなかでも群を抜いた存在であるMr ルートヴィヒ・ミース・ファン・デル・ローエは、故郷のドイツを離れて1937年シカゴに移住した。Mr ファン・デル・ローエは、最高品質の建築材料を用いて20世紀でもっとも美しい数々の建築物を造った。美しいカッティングのスーツ姿を見ると、服に対しても同じように厳しい条件を設けていたことがわかる。いくつかのスーツはウィーンの老舗の仕立屋、《Knize》のものに違いない。

Mr ワリス・アルワリア

　インド生まれのMr ワリス・アルワリアは、子どもの頃にアメリカに移住した。数年後、自身のジュエリーのコレクションだけでなく、Mr ウェス・アンダーソンの2本の映画に出演したことがきっかけで、俳優としてのキャリアも注目されるようになった。だが、私たちを惹きつけてやまないのは、Mr アルワリアならではのゆったりとしたスタイルだ。ここでもブルーのトレンチコート姿でカジュアルな雰囲気を醸し出している。

Mr ルイ・ガレル

　Mr ルイ・ガレルは、映画監督の父と女優の母という映画関係者の一家に生まれた。ベルナルド・ベルトルッチ監督の映画『ドリーマーズ』(2004年)に出演以来、世界中に名を知られるようになったMr ガレルは、怪しげな魅力を放つ、独自のフランス風スタイルを私たちに教えてくれる先生でもある。その魅力はMs カーラ・ブルーニの姉Ms ヴァレリア・ブルーニ＝テデスキとの交際によって威力を増したのではないだろうか。

Sir マイケル・ケイン

　60年代のロンドンでもっともシャープな服装をしていたSir マイケル・ケインは、当時ピーコックと呼ばれた派手なスタイルを避け、いまの時代も好まれる、控えめながらもエネルギッシュなテーラリングを好んだ。Sir ケインは、いまは亡きテーラーMr ダグラス・ヘイワードを頼りとしていたが、幸いにも、写真のようなカットのスーツは今日では手に入れやすくなった。

Mr クリント・イーストウッド

　今日はなんとなくラッキーだなというとき、誰だってツイードのジャケットをこんな風にかっこよく着こなしたいだろう。ツイードジャケットを着た彼は、男性的であるがセミフォーマルスタイルには無頓着な様子だ。アウターとしてツイードほどふさわしい生地の代わりは存在しないこと、そして、着るときのアティテュードが最高のアクセサリーになることを教えてくれる。

Mr ジャン=リュック・ゴダール

　映画『勝手にしやがれ』で、映画監督のMr ジャン=リュック・ゴダールは時代を超えてクールな理想像を生み出しただけでなく(誰だってMr ジャン=ポール・ベルモンドのようにMs ジーン・セバーグと並んで歩きたいと思うはずだ)、そのキャリアを通してモダンなスタイルを見せてくれた。それに抜ける髪にこれほど無頓着だった人なんて、彼くらいしかいないだろう。

ハイレ・セラシエ1世

　ハイレ・セラシエ1世は、皇帝として1930年から1974年にかけてエチオピア帝国に君臨した。陛下の肩書きをすべて記すとこのようになる。「ハイレ・セラシエ1世陛下、王の中の王、首長の中の首長、ユダヤを征服した獅子、そして、神に選ばれし者」。エチオピアを統治していた頃は、世界でもっとも多くの勲章を持つ君主でもあった。ソロモン王やシバの女王にまでさかのぼる人物にふさわしく、帝王らしい装いのひとつやふたつ、簡単に披露することができる。

Mr トルーマン・カポーティ

　文学史上に残る名作『ティファニーで朝食を』の作者として知られるアメリカの作家、Mr トルーマン・カポーティはダンディだった。しかし、表層的なイメージが先行してしまって、ときに作家という職業への深い献身を覆ってしまう。Mr カポーティのスタイルは華麗で、いまもまた流行しているスタイルとも呼応している。

Mr クラーク・ゲーブル

　『風と共に去りぬ』のスターであるMr クラーク・ゲーブルは、非の打ち所がない装いの伊達男として人々の記憶に残っている。Mr ゲーブルほど見事に服を着こなした男は少ない。それに、Ms グレース・ケリーやMs ジョーン・クロフォードをはじめとする共演者が彼とのロマンスを謳歌したのも、彼の宣材写真を見れば納得できる気がする。

Mr グレゴリー・ペック

　カリフォルニア州出身の俳優Mr グレゴリー・ペックは、1944年の『炎のロシア戦線』で初めて映画に出演し、1949年には4つの作品でアカデミー賞にノミネートされていた。有名な役として映画版『アラバマ物語』のアティカス・フィンチがあげられるが、ここで、Mr ペックはオフホワイトのスリーピースのスーツを着るハードルを引き上げてしまった。さらに、『ローマの休日』のジョー・ブラッドレー役では、あまりのスタイリッシュさゆえにMs オードリー・ヘップバーンの心を射止めたのだった。

Mr トム・ウェイツ

 かつて、Mr トム・ウェイツの声はロックミュージック評論家のMr ダニエル・ダーチュホルツによって、「まるでバーボンに浸して何カ月か燻製小屋に吊るして外に出し、車でひいたみたい」と表現された。スーツに身を包んでいても、写真のようにクラシカルなワークウェアを着ていても、Mr ウェイツのスタイルはその声にふさわしく荒々しい。

Mr ライアン・オニール

　1970年の映画『ある愛の詩』で麗しいMs アリ・マッグローと出演したMr ライアン・オニールは、スタイルアイコンと呼ぶにふさわしいだけでなく、いつも最先端の装いをする人物だ。『ある愛の詩』で、Mr オニールはコーデュロイ、ツイード、ムートン、厚手のアランニットといったトラディショナルなカレッジアイテムを着こなしていた。

Sir ミック・ジャガー

　たしかにすらりとした長髪のロックスターにとってかっこよく着こなすことは難しくない。60年代においてはなおさらだ。ローリング・ストーンズがこうしたコーディネートをバシッと決めて以来、Sir ミック・ジャガーはスタイリッシュさを失っていない。Sir ジャガーは色、模様、サイズをマスターすれば、私たちのような雄々しい男たちでも彼のようになれると教えてくれる。

Mr ロバート・レッドフォード

　生まれながらにクール。Mr ロバート・レッドフォードのスタイリッシュさが、本当に際立つのは役を演じているときだ。1974年の映画『華麗なるギャツビー』でMr ラルフ・ローレンの衣装に身を包んでいたときほど、この表現にふさわしいときはない。壮麗なスーツと彼の貴族的な立ちふるまいのおかげで、この映画はドレスアップの仕方を学ぶ最良の教材となる。

Mr ニール "バニー" ロジャー

　目を引くエドワーディアンスタイルはさておき、このイギリス人ダンディは、第二次世界大戦で戦った英雄であり、ドレスデザイナーでもあった。Mr ロジャーは毎年ロンドン、メイフェアのお抱えの仕立屋に15着のスーツを注文し、それぞれに4足ずつ靴を作らせたと言われている。珍しい4つボタンのスーツを美しく着こなすため、ほっそりとした体型を維持し続けた。

ウィンザー公爵

　ウィンザー公爵の功績というものはさほど多くないが、それでも、公爵は多くの人々にとって20世紀のベストドレッサーであり、彼の着こなしはいろいろな意味で模範的なものだった。とりわけ、Mr フレデリック・ショルツが公爵のために仕立てた、とびきりのサヴィルロウのスーツが有名である。

Mr デヴィッド・ベッカム

　イングランドを代表するフットボールスターのMr デヴィッド・ベッカムは人々に注目されながら育った。そのおかげでスタイル感覚を培ったと言ってもいいだろう。スポーツから親善大使的な役割へと移るにつれて、Mr ベッカムの服装はよりフォーマルになった。現在では、完璧にモダンでいまの時代にふさわしい、スリムなテーラリング姿を目にすることが多くなった。カジュアルウェアもよりスタイリッシュになり、写真のコーディネートなどはスマートなウィークエンドウェアの模範例だ。

Mr シドニー・ポワチエ

　1963年、Mr シドニー・ポワチエは、映画『野のユリ』で、アカデミー主演男優賞を獲得した、初めての黒人男性だ。それは、ちょうどMr ポワチエが公民権運動に積極的に関わっていた頃のことだった。当時の写真のMr ポワチエはスリムな黒スーツと白シャツに黒ネクタイといった格好で公民権デモ行進に参加している姿で写っている。この写真が証明しているように、プライベートのスタイルも同じように洗練されていた。

MEN OF NOTE
Mr マシュー・ディアー

新年を迎えるのにぴったりな5曲をテキサス生まれのスタイリッシュなDJがMR PORTERだけに教えてくれた。

「New Year's Eve」
トム・ウェイツ

「トム・ウェイツのアルバム『Bad As Me』は、2011年の発売以来いつも家でかけている。彼の歌が流れると、曲中の濃密な物語へと放り込まれるんだ。まるで薄明かりに照らされた古い舞台へと扉を開けて入っていくような感覚。そこに自分がいてもいなくても物語は進むんだ」

「Love is Blindness」
U2

「U2のアルバム『Achtung Baby』は、時代を超えた挑発的な世界観を表現している。すべての時代のロックアルバムのなかでも群を抜いて好きな1枚だ。この曲では欲望に苛まれた愛の悲哀が歌われている」

「All the Tired Horses」
ボブ・ディラン

「『日差しのなかの疲れた馬たち。どうやってこいつらに乗って行けと?』数人の女性ボーカリストが曲中このフレーズを繰り返し歌っている。純粋でシンプルで、美しい音楽だ」

「Brand New Companion」
タウンズ・ヴァン・ザント

「まだまだタウンズ・ヴァン・ザントの未発表音源がどこかに保管されているってうわさを耳にするけど、発表されているものだけでも全然飽きない。彼の曲は濃密で詩的な表現に包まれている。だから聴くたびに新しい発見があるんだ。『Brand New Companion』は、インスピレーションを与えてくれるブルース作品だ」

「A Pause for Reflection」
トレント・レズナー&アッティカス・ロス

「映画『ドラゴン・タトゥーの女』のサウンドトラックを聴くと、生物が呼吸ごとに膨らんだり、縮んだりする音を聴いているよう。まるで音響の研究所で作曲したみたいだ。彼らの作品を聴くのは素晴らしい体験。美しい創作プロセスが感じられる」

MEN OF NOTE
グリズリーベア

　ブルックリンを拠点に活動するバンドの創始者Mr エド・ドロストがリピート必須の5曲をセレクトしてくれた。

「Motion Sickness」
ホット・チップ

　「ホット・チップは成長し続けている。デビュー以来ずっとファンだけど、特にこの曲は聴けば聴くほど好きになる」

「Hit 'Em Wit Da Hee」
ミッシー・エリオット

「新しい発見があるかもと期待しながら、最近またミッシー・エリオットのファーストアルバムを聴いているんだ。捨て曲なしのアルバムだけど『Hit 'Em Wit Da Hee』は、特に好きな1曲。何年聴いても色あせない」

「Myth」
ビーチ・ハウス

「大好きなバンドのひとつ。光栄にも一緒にツアーをしたこともあるんだ。どんどん成長しているバンドだね。おまけに僕の結婚式で演奏してくれたこともあるよ!」

「CYAN」
カインドネス

「この曲に漂うアーサー・ラッセル(チェロ奏者で現代音楽家)的な雰囲気が好きだ。この曲が収録されているアルバムは実に多様ですばらしい。Mrアダム・ベインブリッジはなにをやらせても完璧。ライブ演奏も最高だ」

「Get Free」(feat.Ms Amber Coffman of Dirty Projectors)
メジャー・レイザー

「アンバーの声が大好きだ。彼女が歌う曲はどれも僕の心をつかんで離さない。それにメジャー・レイザーの曲を歌うアンバーは本当に曲を自分のものにしているのですばらしい」

THE EXPERT
Mr チャールズ・シューマン

　ドイツ、ミュンヘンにある〈シューマンズバー〉の伝説の創立者がMR PORTERのためにスタイリッシュなカクテルを作ってくれた。

　MR PORTERのためにお気に入りのカクテルを3つ作りながらMr チャールズ・シューマンはこう主張する。「私はね、ミクソロジストじゃない。バーテンダーだ」。単刀直入で歯に衣着せぬ物言いのミュンヘンの〈シューマンズバー〉の創立者は、カクテルアワーはシンプルでエレガントであるべきだと信じている。「本物のカクテルバーでは、男性の服装は、とても重要だ」Mr シューマンは言う。「その夕べにふさわしい格好をしないといけない。私はいつか、自分がジャンニ・アニェッリのようにスーツしか着ない年齢を迎えるといつも言っていたけど、その年齢に到達したんだ」
　カクテルバーのエレガントな雰囲気とまではいかなくても、そこで提供される飲み物を自宅で再現するのに守るべきことを、この71歳が教えてくれた。「お気に入りのアルコールのボトルが2本ほどあれば十分。必ず最高品質のものを使うこと。ジンやウォッカだけでもさまざまな種類のカクテルが作れる」バーテンダー志望者のための第一の心得は？「バーカウンターの後ろにいるときは絶対に酒を飲まないこと」
　世界的にも有名な〈ハリーズバー〉での経歴を持つMr シューマンだが、人々から愛される自身のバーを経営するようになってから、はや30年以上が経った。さらには『American Bar』と題した書籍まで執筆した。そもそも、正式なカクテルアワーとはいつを指すのだろう？「一番いいのはブルーアワーと呼ばれる時間。つまり、その日の仕事が終わった後がカクテルには最適な時間だ。散々な一日の後やとびきり素敵なレディと一緒なら、なおさらいいね」

CLARITO MARIA（シューマンズバーの定番）

材料
イングリッシュジン　60㎖
カンパリ　1ダッシュ(1㎖)
カルパノ・アンティカ・フォーミュラ(イタリアはトリノ産のベルモット)　1ダッシュ(1㎖)
絞ったライム果汁　1個分

作り方
カクテルシェーカーにライム以外の材料を入れて混ぜる。よく冷えたマティーニグラスに注ぎ、ライムを加える。

CHARLES DAIQUIRI（レディのために）

材料
絞ったレモン果汁　8㎖
シュガーシロップ　8〜23㎖
ホワイトラム　45㎖
ダークラム　8㎖
ライムピール　1切れ

作り方
カクテルシェーカーで角氷と一緒に材料を混ぜる。よく冷えたカクテルグラスに注ぎ、ライムピールを添える。

MR PORTER（オリジナルカクテル）

材料
シックスグレープスのポートワイン　8㎖
シューマンズバーのポートワイン(ニーポートのポートワインで1996年に瓶詰めされたレイト・ボトルド・ヴィンテージのもの)　8㎖
オレンジビターズ　1ダッシュ(1㎖)
パウダーシュガー　小さじ1杯
シャンパン

作り方
シャンパン以外のすべてをカクテルシェーカーで混ぜ、シャンパン用のフルートグラスに注ぐ。グラスが満たされるまでゆっくりとシャンパンを注ぐ。

THE LOOK
Mr ジェイソン・サダイキス

　アメリカの長寿バラエティ番組『サタデー・ナイト・ライブ』からオスカー賞への野望、ワイルドな恋愛（パートナーはオリヴィア・ワイルド）やジャグジーで迎える最期について。

　「キャリアプランなんて考えたことがない。来るもの拒まず、ひとつの蔓からほかの蔓へと飛び移るのを楽しんできた」。そんなMr ジェイソン・サダイキスにも譲れない目標がひとつある。「50歳になったらオスカー賞を獲る。絶対にね」こう宣言する彼の声は、それを強調するかのようにいつもより半オクターブ低く聞こえる。「そして49歳と半年で死ぬんだ。オスカー像が自分のものになることを確認してから。できるだけ授賞式に近い日に死なないといけない。授賞式で毎年流れる追悼映像の一番最後に映るために。実際、あの部分が一番オイシイよね」
　死ぬときの状況まで詳しく考えていたりするのだろうか？「もちろん。熱いバスタブのなか、ジャグジーの吸い込み口に頭部をすっぽり吸われた状態さ。そのときの写真は爆笑モノだろうね。ネットとかでも話題になって、僕の死亡記事と一緒に写真も見られるようにしてほしい。そうしたら、冗談みたいなことを僕は予知してたって後になってみんな驚くから」
　こんな話はさておき、Mr サダイキスが歩んだキャリアは彼が言うほど偶然の連発というわけではなかった。むしろ、シカゴを拠点に活動するセカンドシティという由緒ある即興コメディ劇団からはじめた彼が『サタデー・ナイト・ライブ』のレギュラー出演を勝ち取り、いともたやすく次々と映画の仕事を手に入れた道のりは、ほとんど伝統的なものと言っていい。それはMr ダン・エイクロイドやMr クリス・ファーレイ、さらにはMs ティナ・フェイをはじめとする役者たちが辿った道と同じなのだ。2011年には、成功を収めた2本の映画（ひとつはMr オーウェン・ウィルソンと共演したコメディ映画『ホールパス／帰ってきた夢の独身生活〈1週間限定〉』、もうひとつは、Mr ジェイソン・ベイトマンと共演したブラックコメディ映画『モンスター上司』）に出演しただけで

なく、アメリカで物議をかもしたスポーツコメディドラマ『Eastbound & Down』のようなテレビ番組にも出演して注目を浴びたMr サダイキスだが、「見た目だけは忙しそうなお調子者」のイメージは、際立った成功によって変わりつつある。

　私たちはよく晴れた寒い月曜日の午後にマンハッタンにある写真家のスタジオで会った。そこからのハドソン川の眺めは最高だった。「すごいね、そう思わない？」窓際に腰掛けて、Mr サダイキスはちょっとおどけた感じで景色の写真を携帯電話で撮っていた。彼は1時間半も早くMR PORTERの撮影を終えたばかりなのだ。ファッション撮影にしては異例すぎる。

　「そうなんだ。最短撮影時間賞を獲得して、もっとも撮影時間が短いファッションモデルになるって決めていたんだ」と皮肉っぽく答えた（その後、Mr サダイキスはいろいろな洋服を着るのは「あまり好きな仕事じゃない」と白状した。そう言いながらアノラックを被り、使い古されたリュックサックを背負うMr サダイキスの姿を見ると、ファッションへの無関心に対する告白は、のんきな自虐というよりは、天から与えられた真実だということがよくわかる）。

　Mr サダイキスは、口数は多くなくリラックスした様子だ。ゆっくりとした話し方と歩調はニューヨーカーというよりは、紛れもなくアメリカ中西部の気質だ。実際、彼はカンザス州で育った。のんびりとした立ちふるまいとは裏腹に、心に関しては、目まぐるしく変化する自身のキャリアを反映したかのように、異常に神経質で活発な好奇心をつねに抱いていると言う。

　「子どもの頃は俳優になる気なんてなかった。その代わり、そのとき読んでいた本や観ていたものの登場人物にはなりたかった。リーガルサスペンス小説『The Firm（法律事務所）』を読んでいたときは弁護士になりたかったし、映画『トップガン』を観た後は戦闘機パイロットになりたかった。だから自分にとって演技が一番しっくりきたのかな。だって、5分または90分間だけ別の人物になれるんだから。テレビドラマ『30 ROCK／サーティー・ロック（2006年から2013年にかけてアメリカで放送された。2007年から2010年にかけて12のエピソードに出演）』の出演者みたいに、シーズンごとに毎回同じ人物を演じる持久力が僕にもあったらどんな感じだろう」と話す彼にとって、幾シーズンにもわたって同じ役を演じるのとは対照的に演技とはまったく関係のない仕事をすることなんて想像できないのだ。

　「実は子どもの頃、気になる職業が2つあった。ひとつはバスケットボール選手。なれっこないってわかると、次はアクセル・フォーリー（Mr エディー・マーフィーが映画『ビバリー・ヒルズ・コップ』で演じている人物）になりたい

と思った」。要するに、黒人に憧れるカンザス州の白人少年だったのですね？「その通り。それが現実的じゃないなんてちっとも思わないよ」アクセル・フォーリーではなく俳優をとった選択の背景には、同じように現実的とは言えない期待感があったと人は言うかもしれない。でも、それにはちゃんと裏付けがあった。Mr サダイキスの母方の叔父はMr ジョージ・ウェント、またの名をテレビドラマ『チアーズ』のノームなのだ。そしてMr ウェントもまた、セカンドシティの出身だ。

「ジョージという存在のおかげで、演技をすることは実現可能なキャリアだと思った。ジョージはセカンドシティで奥さんと出会った。だから彼に会うと、すごい！ セカンドシティに行ったら、美人と結婚できて『チアーズ』に出演できるのか！ 魔法みたいだ！ って思ったよ」そして、ほとんど同じことが彼の身にも起きたと言っていいだろう。テレビ脚本家兼プロデューサーの妻（現在は元妻）Ms ケイ・キャノンと出会い、『サタデー・ナイト・ライブ』へと突き進んでいったのだから。

Mr サダイキスは、Ms ジャニュアリー・ジョーンズやMs ジェニファー・アニストン、さらにはオルセン姉妹のどちらかにいたるまで、頻繁にゴシップ誌から数多くの女優との交際について書かれてきた。現在はMs オリヴィア・ワイルドと交際しているが、恋愛について訊かれることは、いろいろな洋服を着せられるよりもずっと落ち着かない気分になるそうだ。「まあ、そうだね……」インタビューを開始して1時間、初めて彼は言葉を探しているようだ。「メディアから追いかけられるのは、変な気分だよ。幸いにも、どの記事でも僕を高く評価してくれてるみたいだけど、ありもしないことを読むのは妙な感じがするし、『どこからこんな話がきたんだ？ 情報源は誰？』って思うよ。ジェニファー・アニストンと僕が付き合ってるって話があったよね？ もちろん、彼女はこんなことには慣れっこだから、ずっと前からクールに構えていたけど、僕は『どうしたらこんなこと思いつくんだ？』と首を傾げたよ。どうかしてるし、僕という人物にクローズアップする機会は得られるかもしれないけど、そうはさせないように気をつけないと」そして、1秒間の沈黙。「思うんだけどさ、ああいう雑誌は僕を雇えばいいよ。あの手の記事を書くのに向いていると思うんだ。僕って結構直感的だし、人に取り入るのも得意なんだ」

こうして、また新しいキャリアプランが誕生したのだった。

THE REPORT
10デザインズフォーザ
カッティングエッジホーム

　毎年ミラノで開催されるデザインの見本市、ミラノサローネ国際家具見本市から最良のものをセレクトした。

　ミラノの〈サローネ・デル・モービレ(通称ミラノサローネ)〉は世界最大の規模を誇るデザインの見本市だ。各国政府による財政緊縮や不安定なユーロにも関わらず、サローネは毎年規模を拡大し続け、その勢いは衰えそうにない。ありとあらゆるメジャーないしマイナーなデザイン関連メーカーやデザインを志す学生たち全員が参加しているのではないかと思わせるほどだ。数多くの自動車メーカーやデザインに関心がある企業も参加。ヨーロッパのファッションブランドもまた〈Hermès〉や〈Marni〉の例にならって新しい家具のデザインを委託したり、店舗の一部を新しいデザイン作品のために確保したりと、この熱狂に一枚加わろうと必死だ。
　デザインのトップリストに名があがるMs パトリシア・ウルキオラ、Mr コンスタンチン・グルチッチ、デザインオフィスのnendo、そして、ほかにもたくさんのデザイナーたちはミラノの街に点々と散らばるメーカーに製作を依頼する。すべての作品を見るのは不可能だし、トレンドを見極めるのも至難のわざだ。
　それでも、やはり天然素材とサステイナブルな製造工程に重きが置かれていることは間違いなく、まさに職人や製造者がスターである。現在、デザイン業界の多くは、デザインと同じように製造工程についても語る。デザインと"ラグジュアリー"の関係はいろいろあって複雑だけれど、高級マテリアルのなかでもとりわけ大理石を用いたものはたくさん見受けられる。誰からも好まれる大理石を使った作品もあれば、よりコンセプチュアルで実験的なものもある。そのなかでもMs ウルキオラにはがっかりさせられたことはない。空間デザインと、空間にデザインを内包させる方向性で考えたnendoやMr ロン・ジラッドの作品もあれば、オブジェやツールなど日常的に使える機能的

な作品もある。

　2012年のサローネでは、スツールやソファ、システムシェルフや、人間よりも賢い調理器具、そしてチェアが目を引いた。ほかにも使い心地のよさそうなアイテムがいくつか見受けられた。

1
Mr コンスタンチン・グルチッチがMattiazziのためにデザインした〈メディチ〉チェア

　ごく普通のドイツの街の取り立てておしゃれでもない地域、ミュンヘンのトルコ人地区のケバブ店に囲まれたような地味なスタジオで制作されたかもしれないと思わせるデザイン。だが、デザインをしたMr コンスタンチン・グルチッチは現代のデザイナーのなかでももっとも賞賛され、強い影響力を持つ人物だ。彼のデザインは機能的でエッジが効いていて、ときとして強すぎる場合もあるが、市場に出回るどんな作品よりもおもしろく、感動的だ。根っからのインダストリアルデザイナーとして知られるMr グルチッチだが、もとは家具職人としてキャリアを歩みはじめた。木材使いのスペシャリストであるイタリアの《Mattiazzi》のためにデザインした〈メディチ〉チェアは自身のルーツへの回帰とも言えるが、イタリアを拠点とする《Mattiazzi》の職人技やデジタ

ル技術を駆使することによって、誰も見たことがない木製チェアを生み出した。〈メディチ〉はアメリカンウォールナット、ベイマツ、熱処理したアッシュ材から選ぶことができる。

2
バーバー＆オズガビーがB&B Italiaのためにデザインした〈トビイシ〉テーブル

　ロンドンオリンピックの聖火トーチをデザインしたことによって、Mr エドワード・バーバーとMr ジェイ・オズガビーはSir ジョナサン・アイブ（イギリスのデザイナーでAppleの最高デザイン責任者）と並び、イギリスの人々にとって馴染みあるデザイナーの仲間入りを果たした。日本庭園の装飾用の石からその名を得て、初めて〈B&B Italia〉のために手がけた作品。天板に木材、脚部にポリウレタンを使用。グラウト仕上げによって、まるで一枚岩のような3つのフォルム、もしくはアップグレードされたストーンヘンジと言うべき形を作り出した。映画『スタートレック』のオリジナルシリーズで使われた小道具のような見かけにもかかわらず、どこかしら力強さにがあり、大胆の一言に尽きる作品。

3
Thinkk StudioのMs プロイパン・テーラチャイによる〈コンスト〉ランプ

バンコクを拠点とする《Thinkk Studio》による〈コンスト〉ランプは2012年のサローネで発表された作品中もっとも優れたもののひとつだ。調整可能なこのデスクランプは、自分で組み立てることができる3つのシンプルな部品で構成されている。遊び心がありながらも独創的な作品は、素材と色使いの組み合わせが完璧で、作品そのものに誠実さが現れている。おまけに、もっともシンプルかつエレガントな方法で鉛筆をきれいに並べられる。

4
Praxisのためにビッグゲームがデザインした〈ペン〉USBメモリースティック

スイス、ローザンヌを拠点に活動する3人のデザイナーチーム、ビッグゲームにとって2012年のサローネはよい経験だった。堅苦しいミニマリズムとは一線を画す無駄を削いだデザインには、おもしろさもあり人を引き込む力もある。ビッグゲームはパートナーとしてデスクアクセサリーで有名な香港のデザイン会社Praxisを抜擢した。〈ペン〉コレクションのUSBメモリースティックは大きく、鮮やかで、美しく、記憶に残る作品。

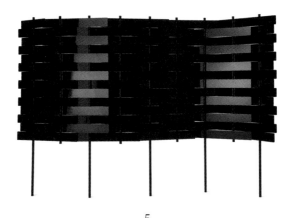

5
nendoがK%のためにデザインした
〈ウィーブ〉スクリーン

　デザイングループnendoの創設者Mr オオキ・サトウ(佐藤オオキ)の姿を2012年のサローネで見ないようにするのは難しい。いま、まさにMr サトウは時の人であり、彼はそれを最大限に活かしている。だからといって次々と新作を発表していないというわけではない。激動の2012年、シンガポールのデザイン会社K ProjectsからMr サトウがアートディレクターを務める新ブランド《K%》が生まれた。黒はMr サトウの色であると言っても過言ではない。〈ブラック&ブラック〉と題した初コレクションは、エッジの効いた抽象的なデザインよりは取っつきやすいだろう。彼がデザインした多くの作品のなかで、この〈ウィーブ〉スクリーンには見た目以上の魅力がある。

6
Mr チャールズ・カルパキアンがLa Chanceのためにデザインした
〈ロッキー〉クレデンツァ

　レオナルド・ダ・ヴィンチ記念国立科学技術博物館で開催された、デザイナーのMr トム・ディクソンによるサローネのサイドイベント《MOST》の評価は賛否両論だった(普段は入場料を払わないと観ることができない鉄道、飛行機、潜水艦の展示を楽しむことができたミラノのファミリーたちには大好評だったが)。それでも、20代かそこらのパリジャン2人が立ち上げたブラ

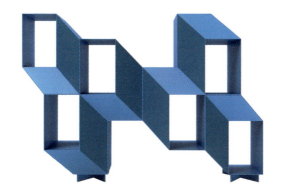

ンド、《La Chance》のお披露目には誰もが驚いた。コレクションに登場するそれぞれの作品に対してポップで鮮やかなものと控えめでシンプルなものの、2つの異なるバージョンが発表されたのだ。ブランド創設者曰く、デザイン関連のバイヤーたちの好みはこのどちらかに分かれるそうだ。特に人気だったのは、レバノンのベイルート生まれで、フランスはバニョレで活躍するデザイナー、Mrチャールズ・カルパキアンがデザインした〈ロッキー〉というサイドボード。アート好きにはたまらない作品だ。

7
ショルテン&バーイングスが 1616 Aritaのためにデザインした〈カラーポーセリン〉シリーズ

オランダで活躍するデザインデュオのショルテン&バーイングスと陶磁器ブランド《1616 Arita》とのコラボレーション作品。歴史ある日本の《1616 Arita》は、ブランドの活性化を図って有名デザイナーのMrテルヒロ・ヤナギハラ(柳原照弘)をクリエイティブディレクターに迎えた。その結果生まれたのがこのディナー用の食器類一式だ(ディナー用の食器類

はイケアの台頭によって主役の座を奪われていたが、見事に復活を果たしたようだ）。有田は釉薬の色合いが美しい陶磁器の産地として有名だが、ショルテン＆バーイングスは《1616 Arita》のトレードマークである色を限りなくシンプルな形に重ねて、すばらしい結果をもたらした。シリーズを構成する3つのセットは、装飾の度合いによって異なる「ミニマル」「カラフル」「エクストラオーディナリー」のシリーズから選ぶことができる。

8
ビッグゲームがKarimoku New Standardのためにデザインした〈サインズ〉コートスタンド

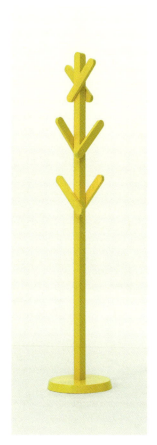

1940年創業の《Karimoku（カリモク家具）》は日本の木製家具メーカーのなかでもリーダー的な存在だ。2009年にKarimokuは《Karimoku New Standard》と命名した新ブランドのために、デザイナーのMr ヤナギハラに依頼して作品をデザインしてくれる世界中のデザイナーを招集した。ミラノ、ブレラ地区にある美しいエラスタジオ・アパートメント・ギャラリーで披露された2012年のコレクションは、Mr ヤナギハラやMr トマス・アロンソによる魅力的なデザインのおかげで、サローネで成功を収めた。さらには、手旗信号のような外見で、使用していないときは細くまっすぐな形になる〈サインズ〉コートスタンドの発表によって、ビッグゲームも新ブランドの成功にひと役買った。

9
Mr ジャン・プルーヴェによる〈コンパス・ダイレクション〉デスク、VitraとG-Starによる復刻

　家具業界のなかでも最良のバックカタログを誇る《Vitra》はモダンおよびモダニストの名作に敬意を払いながら作品を復刻させることに長けている。加えて、どんなツイストを加えたら現代の人々にも受け入れられるかをよく心得ている。デニムブランド《G-Star RAW》がフランスの伝説的デザイナー、Mr ジャン・プルーヴェの名作に芸術的なアップデートした作品を展開しようとしたとき、ブランドは直ちに《Vitra》に相談を持ちかけた。プルーヴェ一族との2年間の交渉を経て、2011年に9点の力作〈プルーヴェ ロウ〉が発表された。サローネではこの〈コンパス・ダイレクション〉を含む2つの作品が加わっている。スチール好きのモダニストにとってこれ以上のデスクはないと言っても過言ではないだろう。

10
Mr ロン・ジラッドがMolteni＆Cのためにデザインした〈タヴォリノ〉コーヒーテーブル

　デザイナーのMr ロン・ジラッドは「私のデザインは抽象性と機能性を隔てる線上にバランスよく収まっている」と主張する。異論を唱えるつもりはない。Mr ジラッドは哲学気質のあるデザイナーで、デザインしながらデザインとはなにかをつねに自問しているのだ。テーブル、キャビネット、本棚などをはじめとする、イタリアの《Molteni＆C》のためにデザインした〈グラード〉コレクションは線による絵画のようだ。それは、まるでなにかを表現する抽象的な幾何学であり、また、なんの意味も持たないようにも見える。だが、この〈タヴォリノ〉テーブルがコーヒーにぴったりなのは間違いない。

MEN OF NOTE
ディプロ

　盛り上げ上手のDJ兼プロデューサーがレコードバッグをあさってイビサ島にぴったりのプレイリストを作ってくれた。

「Discopolis」
ライフライク＆クリス・メナス

「僕がイビサ島で活動する前の曲。この曲では（ミュージックビデオはイビザ島で撮影された）バルセロナのかわいい娘がヴィラで徐々に恍惚となっていく様子がうまく出ているね」

「G.O.M.H.」
レッドライト

「『Get Out My Head』は『Show Me Love』と同じパーカッシブオルガンの音が登場する、クレイジーな曲。アグレッシブさ満載だから、聴くだけで上下に飛び跳ねたくなる」

「Save the World」
スウェディッシュ・ハウス・マニア

「力強いコーラスと気持ちのよさのおかげで永遠に魅力的な1曲だ」

「Tung」
デニズ・コーユー

「サイレンの音、大音量のスイープやベースラインのループ。これはまさに名曲だね。メジャー・レイザーのライブカーニバルで演奏するときはボーカル入りのスペシャルバージョンを使う」

「Feel So Close」
カルヴィン・ハリス

「この曲は『ハグして、有頂天なんだ』って言っている。暖かみのあるギターのコードとボーカル。カルヴィンは聴く人にただ楽しい時間を過ごしてほしいと思っている兄貴みたいな人。さあ、パーティーだ！」

「I Fellow Rivers」
リッキ・リー

「イビサのDJには、夜が終わって朝日が昇ったくらいの時間にステージにいるイメージがあると思う。でもこの曲はプールサイドに椅子を引っ張って、ただ座っていたいときにぴったりの曲。頭のなかで歌うといい。試してみて」

「Weekend」
マイケル・グレイ

「いつもみんなにリクエストされる曲だから、今回の選曲にぴったりだと思ってセレクトしたよ」

THE LOOK
Mr ヴィンセント・カーシーザー

　アメリカの人気テレビドラマ『マッドメン』でお馴染みのスタイリッシュな俳優がピート・キャンベル役との意外に多い共通点を語ってくれた。

　数年前の2010年、『マッドメン』でピート・キャンベルを演じたMr ヴィンセント・カーシーザーは、インタビューで自身のいささか風変わりでミニマリストなライフスタイルについて語っていた。環境保護的な理由から子どもがほしくないこと、所有品のほとんどを手放したこと。そして、車を持っていないので、バスで移動することだ。
　「そうだったね。でも、もう違う」そう言いながら、仕方ないとでも言うように肩をすくめた。「車は持ってるよ。車種は言えないけど、2万5千ドルもしないんだ。しかもマニュアル。ギアチェンジも自分でしてるよ！」
　私たちは、車が行き交うサンセット大通り沿いの交差点に面した〈スターバックス〉のテラス席にいる。Mr カーシーザーのような、ヒット作に登場したスターと会う場所にしては、やけに無防備で人目につく場所だ。でもMr カーシーザーは自分自身がスターとは思っていないし、ふるまったりもしない。たしかにこれほどきっぱりと物質主義と決別できるセレブリティは滅多にいない。ましてや、消費者主義の原動力とも言えるような、ニューヨークはマディソン街の広告代理店の重役を演じる人物においてはなおさらだ。
　「知ってる。でも、いまはごく普通の男だよ」
　例のミニマリズムはもう終わりですか？
　「復活するまでは、うん、終わり」Mr カーシーザーは言う。「僕って過激主義なんだよ。妙な局面にのめり込んで、そのときは真剣に信じてるんだ。でも半年後には一歩下がって考え直す」釈明するときの自分を演じるように声音を変えて言う。「えーっと、すみません、みなさん。その類のことはもう信じてません……」
　まるで『Looney Tunes』（ワーナーブラザーズ製作のアニメシリーズ。バッグスバニーなどのキャラクターが有名）のキャラクターのようだ。

「そうだね、ちょっと『Looney Tunes』的なところがあるかもしれないね、僕には」と自分を指して言う。「でもね、人って変わるんだ。26歳から33歳の間に変わらなければ、それは努力していないってこと。普通の人はインタビューなんて受けないしね。僕が学んだもっとも大事なことは、インタビューでその手の話をしないってこと。でも、それって結構難しいんだ。僕はざっくばらんな人間だから。なんだか本心に逆らっている気がするんだよね」

その通りだと思う。まだ会って数分も経っていないのに、Mr カーシーザーがセレブリティをはじめ、いままで会ったなかで、もっとも率直であけすけな人物のひとりかもしれないと思いはじめていた。Mr カーシーザーには自分を表現する聡明さと快活さがあり、その度合いが人より少し強いのかもしれない。ただ質問に答えるのではなく、可能な限りもっとも真実に近い答えをくれる。それによって自分が攻撃されやすくなるとしても、お構いなしだ。多くの人々が"心の奥底"にあるべきものと考えてしまう思考や感情を瞬時に捉え、歯切れよく、そして、包み隠さず見知らぬ人に伝える能力があるからこそ、Mr カーシーザーには俳優としての迫力があるのだ。

たとえば、Mr カーシーザーが演じたピート・キャンベルとの間の共通点を訊くと、ためらいもなく「たくさんあるよ！」という答えが返ってきた。ドラマではプレッピー風のキャンベルはギラギラしていて、狡猾で冷酷な人物として描かれているので、明白な回答とは言えないが、Mr カーシーザーは気にしない。

「ピートはいつも満たされていない。そして、僕も」と言う。「ピートは小さな男だし、僕もそうだ。体も小さいし、ビジネスの場も小さい。知ってる？ 登場人物との類似点の多くは、役者のことを理解したうえでクリエイターのマシュー・ワイナー（アメリカの脚本家、『マッドメン』の製作総指揮者）が作っているんだ。役者の力に応じたキャラクターを描くんだ。たとえばマシューが僕を見て『そうだな、ヴィニー（ヴィンセント）は劣等感が強いな』って思ったら『うん、ピートもそうしよう！』みたいにね」

役の登場人物と俳優たちの間には共生関係のようなものがあり、両者がどのような発展を見せるかが問われる。もちろん、主人公ドン・ドレイパーの力強さと威信はドラマのセットにおいて俳優Mr ジョン・ハムが見事に表現しているし、キャンベルの不安な感じもMr カーシーザーに反映されている。

「誤解しないでほしいんだけど、キャストのみんなとはすごく仲がいいんだ」とMr カーシーザーは言う。「ピート・キャンベルほどみんなに嫌われてないと思うけど、嫌われているかもって不安になることもある。その点はピート

と同じだね」

極めて率直な告白だ。

「それに、ピートはとても率直なんだ！　社会的にそぐわないけど、ズバリ真実を言ったりする。僕もそうなんだ。いまここでこんなこと言っているけど、後でキャストから電話で『おい、俺があんたを嫌ってるって？　みんなにそう言いふらすのはやめてくれないか。もう1度言ったら、本当にあんたのことを嫌いになるからな』って言われるかもしれないな」

もっとも明確な2人の類似点はより深いところにある。Mr カーシーザーが『マッドメン』のキャストに加わったのが26歳のとき。キャンベルが〈スターリング・クーパー広告代理店〉に入社したのと同じ歳だ。そして、7年が経ち2人とも成熟し、高収入を得て、キャリアにおいて偉大な成功を収めた。それは思いもよらぬ方向へと2人を変えた経験だった。キャンベルが広告代理店の営業担当責任者から共同経営者へとのし上がる。かつては熱望した地位だったが、手に入れてからは物足りなさを感じている。一方で、Mr カーシーザーも無名俳優から賞賛されるテレビドラマ作品に主演するまでになった。そして、Mr カーシーザーもピートと同じ幻滅を抱いた。

「オスカー・ワイルドの名言にもあるよね。『人生において2つの最大の悲劇とは、ひとつが望むものが手に入らないこと、もうひとつはそれを手に入れてしまうこと』って」

Mr カーシーザーがずっと望んでいたものを手に入れたことは確かだ。6歳の頃、ミネソタ州地元ミネアポリスの劇団で演技をはじめた。その後、数年にわたってテレビドラマシリーズ『エンジェル』へのレギュラー出演を果たした。だが、『マッドメン』は違った。Mr カーシーザーは、それが特別なプロジェクトとすぐに理解し、作品の複雑さと伏線の多さゆえにロシアの小説との類似性を見出した。Mr カーシーザーは脚本家のワイナーと主演のハム両氏に最大限の賞賛を抱いている。

そして、ピート・キャンベル同様、成功は若い頃自分が思い描いたものとは違う。「10代の頃って30代よりも自分が何者になりたいかっていう展望をよりはっきりと持っていると思わない？　あるティーンエイジャーが『動物が大好きだから、将来は獣医になりたい、夢は実現するためにあるんだ……』って言ったとしよう。ほとんどの人は大人になると『動物なんてくそくらえ！　夢なんてくそくらえ！　俺の夢なんてだめになっちまった、あんたのもそうなるさ！』って思うよね。かつては純粋な色彩だったけど、なりたかった自分の夢は踏みにじられた影になってしまう」

自分はどんな人になると思っていましたか?

「大人になると思っていた!」Mr カーシーザーは強盗にでも遭ったかのように怒った様子を見せる。「30代の人を見て、こう思ったのを覚えているよ。『あの人は大人のにおいがするし、やっていることも大人だな』って。でも、ほんとうはティーンエイジャーが歳をとっただけなんだって気付いた。髭を剃ったり、税金を払ったり、大人っぽいことはするけど、それと同じくらい、不安定で社会的にめんどうなことを抱えている。あ、でも、めんどうはちょっと違うか」

Mr カーシーザーが最後に言った皮肉はよくわかる。だが、あえてそこは指摘しなかった。気まずくなってしまいそうだったからだ。

「アメリカでは、その人のキャリアだけを見て、幸せかどうかを判断していると思う。だから、職業上の成功によって自分が満たされるっていう考えを取り払うのが余計に難しいんだ」

近年においてMr カーシーザーは、普通の意味での成功さえも追求しなくなった。深夜のトークショーに出演したり、次から次へとインタビューに応じることもない。ヒット映画の主役を狙う代わりに、より実験的で独立した小規模の映画への出演を好む。

Mr カーシーザーは言う。「結局のところ、人が完全に満たされることなんてないってことを受け入れるようになる」その言葉を最後に、帰ろうと席を立つ。インタビューは不完全な気がする。だが、きっと、それでいいのだろう。

THE CLASSICS
ニットタイ

　もはや大学講師たちに限られた装いではなく、モダンなスタイルの必需品に加わった小粋なアイテムを紹介しよう。

　ニットタイの特徴は、凹凸がある、ゆったりと編まれた見た目、裏地の不在（光にかざすと透ける）、そして、やや弾力のある感覚だ。"シルクの叫び"を意味するcri de la soieと言うフランス語がニットタイを手で握ったときのシャリッとした感覚を表現するのに使われることもある。ほとんどのニットタイの先端は従来のネクタイとは異なり、とがっていない。素材にもシルクやウールなどがあり、ウールは秋冬の装いにぴったりだ。過小評価されることが多いのだが、アイビーリーグファッションから銀幕、そして、ランウェイまで、ニットタイはスタイリッシュなワードローブに必要な要素であると同時に、クラシックさを保ちつつ、身に付ける人の装いに個性を加えてくれるアイテムなのだ。

いつニットタイを締めるか

　ニットタイは一連のネックウェアのなかでもそこまでフォーマルな部類には入らないので、スーツスタイルをドレスダウンしたり、カジュアルな装いをドレスアップするのに有効だ。役員会議にはふさわしくないが、プライベートのとき、たとえば、カジュアルな結婚式でのボタンダウンシャツ、チノパン、ブレザーといったコーディネートの際に本領を発揮する。"スマートカジュアル"なドレスコードにも最適だ。ネクタイを締めていきたいけれど、どうしようかな、というときは特にそうだ。ほかの人がネクタイをしていなくても着飾りすぎることもない。しわくちゃになる心配もないので、旅行にも便利だ。

2011年に撮影されたMr アレクサンダー・スカルスガルドのように、ニットタイは柄付きのシャツとよく合う

ノット

　ニットタイにもっともふさわしい結び方はベーシックな「フォアインハンド」だ。編み生地ゆえにニットタイの表面はきめが粗いので、どんな結び方をしても、一般的なシルクのネクタイよりはノットが大きく目立つ。だからこそ、盛りすぎで魅力を欠いた見た目にならないためにも、非常に小さな結び目を作ることは理にかなっている。思い通りのサイズにするため、しっかりときつく結ぶことを怖がってはいけない。さらに、「フォアインハンド」のやや非対称な結び目の形が、カジュアルなニットタイにさらなる魅力を与えてくれる。

1975年、テレビ番組『事件記者コルチャック』のセットでのMr ダーレン・マクギャヴィン

長さ

　ニットタイはそこまでフォーマルなアイテムではないので、ほかのネクタイよりも少し短めに締めてもいい(ウエストバンドに届く長さにこだわる必要はない)。後ろの小剣を前の大剣よりも長くして、より気楽で独特なスタイルを演出するのもいい。ニットタイは糸目が粗く編まれているので、普通のネクタイよりも伸びやすい。収納するときはハンガーにかけるのではなく、巻いて保管してほしい。正しく取り扱っても防ぐことができない自然な伸びを考慮して、通常のネクタイよりも少し短めに作るメーカーもあるくらいだ。

ディテール

　Drake's(1977年にMr マイケル・ドレイクがロンドンのイーストエンドに設立したブランド。いまでもイギリス製のネクタイ、ポケットチーフ、シャツなどで有名)でクリエイティブディレクターを務めるMr マイケル・ヒルは「シルクのニットタイには仕立て服(ビスポーク)ならではの大胆さがある」と言う。コーディネートを考えるときは彼の言葉を忘れないでほしい。少し緩めにニットタイを締めるか、大剣よりも小剣が長くなるように結んでみよう。ニットタイは装いに「スプレッツァトゥーラ(難しいことを簡単に見せること)」のタッチを加えてくれる。また、凹凸感で視覚的なおもしろさを加えるのもいいし、カラーブロックのニットタイはどんな模様のシャツとジャケットにも合う。たとえば、ニットタイはツイードジャケットとタッターソール柄のシャツを見事に融合させてくれるので、両方に合う第3の模様のネクタイを探す必要もない。

よりフォーマルな装いには……

　ニットタイはグレナディン織りのネクタイと似ているところがあるが、混同してはいけない。グレナディン織りのネクタイもニットタイのように凹凸があるが、ニットタイほどの手触りはない。グレナディン織りのネクタイのほうがきつく編まれ、芯地が入っていて、先端もとがっている。そのため、ニットタイよりもフォーマルで、従来のシルクのネクタイの代わりにどんな場面でもつけることができる(写真のSir ショーン・コネリーはリラックス感ある緩い結び目の威力を見せつけているが)。

1962年の映画『007 ドクター・ノオ』のセットにて。Sir ショーン・コネリーは落ち着いた趣でシルクのグレナディンのネクタイをつけている

ONE TO WATCH
Mr アレン・リーチ

　テレビドラマ『ダウントン・アビー』で反逆的なアイルランド人の役を演じた若手俳優とのインタビュー。

　人気ドラマ『ダウントン・アビー』で、大邸宅に暮らす女性のひとりを魅了して結婚する元運転手の領地管理人トム・ブランソンとしてご存知の方も多いだろう。ツイッターにこれからMr アレン・リーチをインタビューすると投稿すると、気絶寸前の熱狂からあからさまな嫉妬まで、あらゆる反応が沸き起こった。数々の受賞歴を誇るこの歴史ドラマは熱狂的なファンを生み出し、Mr リーチは憧れの的のような存在になった。Mr リーチがこのことに気付いていたとしても、あまり気にしていないようだ。典型的な男前でゆったりとした物腰の彼に、熱狂的なファンが運営するサイトを知っていますか？と訊くと、戸惑った様子を浮かべた。そのサイトは、筋金入りの『ダウントン』ファンが、ブランソンの画像に愛情を込めてドラマのセリフを添えて投稿するのだ（「私が起きて過ごす、すべての時間をあなたの幸せに捧げます」など）。
　Mr リーチはほかにも2作の歴史ドラマに出演したが（ひとつはアメリカHBOとイギリスBBCが共同制作した『ROME［ローマ］』、もうひとつはアメリカShowtimeによる『ザ・チューダーズ〜背徳の王冠〜』）、それ以外にも数々の映画、テレビ番組、演劇の出演経験を持つ。映画『ロンドン・ヒート』では、過激だが効果的な調査を行うエリート捜査チーム「スウィーニー」の一員、サイモン・エリスを演じた。『ダウントン』の豪奢な衣装や上流階級の話し方とはまるで別世界だ。
　さらに、Mr リーチは2011年にロンドンのウェストエンド（商業施設や劇場が多く、ニューヨークのブロードウェイのようにロンドンのミュージカルの総称として使われる地区）にあるダッチェス劇場で上演されたマイク・リー監督による『Ecstasy（エクスタシー）』に出演したときが「演劇人生でもっとも楽しかった経験のひとつ」と教えてくれた。

『ダウントン』の3シーズン目からブランソンが一族の使用人から外れ、運転手の衣装に身を包まなくなったのを残念だと思いましたか？

　実際、残念だったね。運転手の衣装を身に付けることによって、その役のアイデンティティをつかむことができたから。靴下留めや緑色のジャケットやゴーグルとか、色んなものを装着するのは儀式でもあったから。でも、嬉しいことに、ほかの衣装を着ることができた……大柄なレプレコン（アイルランドの伝説に登場する、捕まえると宝の隠し場所を教えてくれる小さな妖精）として2年間過ごしてきたから、タキシードを着るのは嬉しかったよ。『ダウントン』は1900年代初頭が舞台で、ブランソンは反体制派の人間だから、燕尾服の代わりに初めてタキシードを着た登場人物なんだ。だから、いつも最高にシャープでかっこいい衣装を着させてもらったよ。

いままで演じた人物で、あなたの服装に影響を与えた人はいますか？

　そうだね、いま、ちょうど着ているのは映画『ロンドン・ヒート』で着ていたジャケットだから、影響されているかも！　いつもってわけではないけど。2003年の映画『カウボーイズ＆エンジェルズ』のときに赤いレザージャケットを引っ張り出して冗談のつもりで「こんなの僕の役にどう？」って言ったら、本当に採用されちゃって。でも、カメラ映えはしたよ。

では最後に。映画『Man About Dog（日本未公開）』の撮影中に動物と異色な体験をしたと伺ったのですが……。

　なんについて知りたいのか、お見通しだよ。グレイハウンドと並んでベッドで寝る場面があったんだけど、ちゃんと撮影できるように犬をじっとさせておかなければいけなかった。正直に言うけど、犬をじっとさせておくためにずっと犬のタマをマッサージしてたんだ！　本当だよ、それに恥ずかしいなんて思ってない……もう2度とやりたくないけどね。仕事だからやるしかなかった。一番おかしかったのは、セットにいた犬の調教担当が「そうですね、ベッドで犬をじっとさせておくのに一番効果的な方法は……」って言うから「ちょっと待って！　いままでどれくらいベッドで犬をおとなしくさせないといけない状況になったんだよ？　それって結構よくあることなの？」って思わず言っちゃったよ。

THE KNACK

　MR PORTERが定期的に発信しているウェブマガジンで紹介した祝いの場での立ちふるまいから芸術まで（もちろん身なりも）、あらゆる分野の専門家によるアドバイスを紹介する。

THE KNACK
ジャズを楽しむ

　グラミー賞をいくつも獲得したジャズミュージシャンおよび作曲家のMrテレンス・ブランチャードのアドバイスを。

　子どもの頃、トランペットは人間の声のように音を曲げて音程を変化させることができると知ってからジャズが好きになった。10代になるとジャズがいかに表現力に溢れているかを知ったんだ。自分の考えを言葉にしているみたいだと思ったよ。ルイジアナ州ニューオーリンズで育ったおかげで、伝統的なジャズと、自分のレコードコレクションにある現代的な音楽の形を比較できた。そのおかげで音楽は進化することを知って、どうしたらこの進化に貢献できるだろう、という好奇心が湧いたんd。ジャズは人生をありのままに捉える。だから、人はジャズが好きなんだ。ジャズという音楽は、アメリカの歴史の奥深くから生まれた。スウィング・ジャズ（30年代から40年代にかけて流行した、白人主体の大人数編成によるジャズの形）の時代背景を考えながら聴くと、現代的で革新的な60年代もそうであったように、音楽というものがそれを生んだ時代をいかに的確に描写しているかがわかる。真の芸術とは、その時代を映し出す。ジャズも決して例外ではない。

01
広い心で聴こう

　誰もが黒いベレー帽や小洒落た帽子を被っているわけではない（大きな機械式時計や粋なメガネはあってもいいと思うが）。ジャズはイージーリスニングでもなければ、ハードでもエッジーな音楽でもない。ジャズはダイナミックだ。それはトラディショナルになるし、モダンあるいはアヴァンギャルドにもなる。つまり、ジャズを楽しむには、広い心と精神、そして、魂が必要なのだ。

02
楽器を識別しよう

　楽器の演奏に耳を凝らして、曲中でどんな役割を担っているかを解読しよう。ドラムのビートはどのように曲全体のペースを支配している？　ベースラインはどう曲にフィットしている？　トランペットはどうだろうか。その調べが曲全体を形作っているだろうか？　ピアノは空白を埋めているだけ？　それとも、深みを与えている？　ジャズバンドはエンジン、蒸気、車輪、レールで成り立つ機関車のようなもの。すべて揃ってこそ動く。

03
リラックスして楽しもう

　ジャズクラブを訪れたら、まずは席につき、カクテルを注文し、空間そのものを楽しみながら演奏しているバンドに注目しよう。バンドの演奏に心を動かされたら、手を叩いたり、体を揺らしたり、立ち上がって踊ってもいい。誰もあなたを止めたりはしない。

04
音楽を体感しよう

　ペアになっている楽器を識別して、その2つの楽器が音楽のアイディアをどう行き来させて、どのようにコミュニケーションをとっているかを聴いてみよう。これこそ、まさにジャズを理解することだ。ドラマーはビートを引っ張っているベーシストを挑発している？　どんな曲も最初にあるのは枠組みだ。グルーヴにのってどこに向かい、どこに到達するかはすべてインタープレイ（相互作用）、もしくはインプロビゼーション（アドリブ）にかかっている。この流れを頭と魂で追うことができれば、きっとジャズが好きになるはずだ。

よくある間違い

頭から入る

　ジャズを楽しむには、歴史について幅広い知識を持っていないといけないと思う人が多い。ジャズはエモーションが土台。大衆的で、誰とでも分かち合うことができるのだ。

テクニカルになりすぎる

　ジャズを楽しむのに音楽理論を理解する必要なんてない。必要なのは広い心と、楽器の音色を体験したい！という熱意だけ。リズムの構造を理解できるかどうかはさておき、肝心なのは、その音楽を心地よいと思ったか、あなたを笑顔にしてくれたかどうかだ。リラックスしてゆったりと腰掛け、頭で音楽の調べを追ってみよう。

よくないエチケット

　ジャズクラブに来る人のなかには、演奏されている音楽がBGMであるかのようにずっとしゃべり続ける人がいる。これはジャズミュージシャンにとって最悪なことだし、ほかの聴衆にも失礼だ。演奏中ずっと黙っている必要はないが、バンドが魂を込めて演奏をしている間だけ、世界的な経済政策について議論するのはやめておこう。

目を泳がせる

　女性をひっかけることだけを目的にジャズコンサートに足を運んではいけない。ジャズコンサートがこれまでにいくつもの出会いのきっかけとなったことは認めるけれど、本来の目的は音楽を楽しむことなのだから。ジャズには人の心を開く力がある。だからこそ、ジャズクラブはデートにぴったりの場所なのだ。ジャズクラブに出かけて、かっこいい新しい音楽に耳を傾けて、いい時間を過ごせばいいのだ。

THE KNACK
スパでの立ちふるまい

　リラックス方法を誰よりも心得ているジャーナリスト、Mr マンセル・フレッチャーのアドバイス。

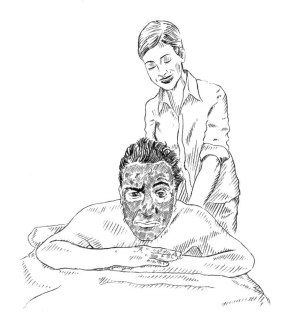

　たとえば、あなたの大切な人が「今度の週末は田舎でゆっくり過ごしたい」と言ったとしよう。いまの時代、ほとんどのカントリーハウスホテルにはスパが併設されていることを忘れてはいけない。彼女にとってスパへの遠出は週末の大切なイベントで、現代的な男性ならば、当然スパでの時間をともにするべきだと信じているに違いない（ほんとうはバーに直行して赤ワインのボトルと一緒にスポーツ中継といきたいところだが）。もし、あなたがスパに馴染みがないならば、ここではスパで完全にくつろげる洗練された男を印象付けるための方法を伝授しよう。

01
進んでくつろぐ

　スパの施術はくつろぐためのものだ。だからこそ、都会のスパよりも、ホテルで施術を受けることに意味がある。つまり、それは施術が終わったら、すぐにあくせくした都会生活に戻されるのではなく、そっとホテルの部屋に戻って横になれるからだ。

02
準備をする

　あなたの施術を担当するセラピストへの配慮も忘れてはいけない。まずは施術の前にシャワーを浴びよう。そして、見られても恥ずかしくない下着で行くことが大事だ。セラピストの指示がない限り、本来下着は付けたままでいるからだ。

03
言葉で伝える

　痛かったり、マッサージの力が弱かったらセラピストに言おう。マッサージというものは、ある人にとっては拷問かもしれないが、別の人にとっては、くすぐり程度にしか感じられないかもしれない。使用している製品が肌に合わないと感じた場合も、後ではなくその場で伝えるのが大事だ。

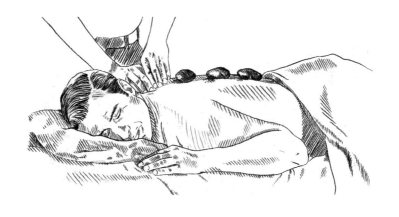

04
寝る

うたた寝に勝るリラックス方法があるだろうか？ 施術にお金なんかかけなくても心地よく居眠りくらいできると屁理屈をこねる人もいるかもしれない。だが、セラピストは、起きていようがいまいが、施術の効果は変わらない仕事をする。それにスパ施術のよい点は、強制的にひと息入れさせてくれることもあるところだ。

05
もう1度シャワーを浴びて水分を補給する

スパというものはどこも暖房が効いているので、施術後は水分補給をしよう。フェイシャルトリートメントやマッサージの後は、髪に軟膏やクリームが付いているだろう。これは、まずディナーのテーブルでお待ちかねの赤ワインのグラス（待ってました！）を掲げる前に、洗い流しておこう。

よくある間違い

マッサージ師を触る

こら、こら、こら、そういうマッサージじゃないぞ。それとも、まさか、国際通貨基金の元トップのあの人のつもりかい?

露出過多、あるいは露出不足

パンツとシャツは脱ぐ。だが、脱いでもよしという極めて正当な理由がなければ、下着は付けたままでいよう。

要望をきちんと伝えない

強めのスポーツマッサージがよければ、背中をさすられる程度で終わらないためにその旨を伝えよう。すべての要望を明確に伝えること。スパの施術は、ほぼ幸福感という明確なものを提供するためにあるのだから。

施術内容を知らない

わからないことがあれば、訊こう。〈アマン〉リゾート施設に滞在したMR PORTERのある友人は、1週間滑ったスキーによる痛みを治すためにマッサージに多額の金をつぎ込んだことがある。レイキ(「霊気」と表記される)マッサージを選んだが、それが体に触れないマッサージだと知ったときには遅すぎた。体をほぐしてもらうと思っていたが、マッサージ師は彼の体に手をかざしただけだったのだ。

水泳用のトランクスを忘れる

プールはある? それともサウナ? 知ったことではないが、わからないときは、万が一に備えて水泳用のトランクスを持っていくことがおすすめだ。

THE KNACK
お義父さんと固い絆を結ぶには

MR PORTERでもおなじみのジャーナリスト、Mr デヴィッド・ホワイトハウスのアドバイス。

　もうハッキリと言おう。あなたは彼の娘さんと寝ている。これこそ、今回のレッスンの骨組みとなり、避けて通れない事実だ。愛する女性の父親との関係というものは、あなたの人生において唯一、そして、もっとも厄介なものになるだろう。気をつける共通点はただひとつ、娘さんを怒らせないこと、以上だ。ほかにお義父さんとの共通点がなくても、やっていくしかない。だが、それは統計的にも簡単なことではない。あなたとお義父さんは世代も違えば、信じているものや興味の対象も違う。それでも、努力しなければいけない。それ以外の選択肢なんてないのだから。

01
正しく売り込む

　まず、ここでのあなたの役割は明確だ。あなたは強くなければならないが、この群れの最高位の雄であってはいけない。それはあくまでもお義父さんの役割だ。とは言っても、弱さを見せてはいけない。自己紹介と同時に無駄に力強い握手と、あなたの指の関節の骨が粉々に砕ける音を隠そうとする儀礼的な咳払いを想定しておこう。その一方では、ボードゲームではなんとしてでも勝利すること。それによって娘が愛する男の頭の機敏さを証明できるはずだ。ただし、スポーツマンらしく勝つことを心がけよう。お義父さんとモノポリーをするときは〈メイフェア・ホテル〉を使って、彼の全財産を奪ってから金利600％のローンで窮地から救い出すという手はよろしくない。ゲーム中も自分の地位を忘れずに（あなたは彼の下だ）。

02
歩み寄る

　あなたとお義父さんの興味が交わることはまずない。そもそも彼のほうが年配だ。男は年齢を重ねるにつれて新しいことに挑戦したい気持ちが鈍くなる。あなたがどれくらいフィットネスダンスの〈ズンバ〉に傾倒しているかなんてどうでもいい。新しい技術への理解だって狭まる。自分のウェブデザイン会社について好きなだけ語ってくれて結構だけど、それは牛にBluetoothについて説明するようなもの。あなたは彼の娘さんと寝ているのだから、好きなようにさせてあげよう。カイトサーフィンをして足首を骨折したところに、お義父さんがハイキングに行きたいって？　暖かくして出かけるしかない！

03
試されることを覚悟する

　これは就職面接である。面接を受けに来たあなたにとって一番大切なことは"将来歳をとる気難し屋のお義父さんに極力関わらないこと"だ。そして、どんな話題にもついていかなければいけないということを覚悟しておこう。あなたのパートナー（妻）が、枝編み細工のカゴ職人の娘なら、ありったけの熱意を持ってお義父さんの仕事を理解しようと努めよう。また、お義父さんが亜北極地帯で日常的に使われるシラカバの樹皮で作ったカゴがなぜ染めたヤマアラシの針で装飾されているのか？　と訊いてきたら、ちゃんと答えられるようにしておくことも忘れずに。

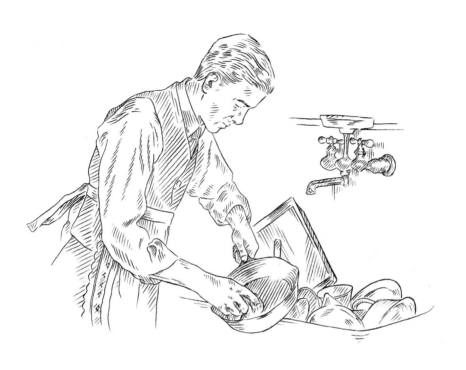

04
お義母さんと仲良くなろう

　義父になったばかりの時期は、娘が夫に選んだ人物が女性の扱いを心得ているという確実な証拠をほしがる。とはいえ、パートナーがヘアスタイルを整えるのを「手伝うよ」と2階までついて行くのは熱心すぎる。その代わり、少しの間だけお義母さんに注意を向けてみよう。お義母さんの心のどこかにあなたへの愛情が生まれれば、お義父さんもそうしてくれるだろう。ただし、節度はわきまえる。もしやらないといけない用事がある、とお義母さんが言ったら、丁寧に助けを申し出て愛情のこもった自己犠牲の精神を見せよう。それは買い物に行くことやワインボトルを開けることかもしれない。間違っても手洗いの外でドア越しに「大丈夫ですか?」と待ち構えてはいけない。

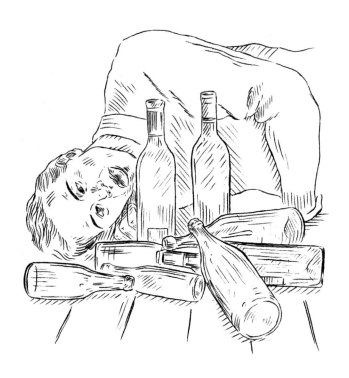

05
油断は禁物

　パートナーの家族に会うのは緊張する。多くの場合、場を和ませるための潤滑油としてアルコールが登場する。お義父さんが飲む量のちょうど50％にとどめておこう。お義父さんと同じペースで飲むべきだ、という時代遅れな考えもあるが、もう70年代でもないし、あなたはプロのダーツ選手でもない。その夜の出来事についてお義父さんに語らせて、結婚というささやかな成功で、あなたが専念するべきひとつだけの目的を忘れないようにしよう。その目的とは、顔をしゃんと上げて、彼の娘を腕のなかに抱いて帰ること。もし、仮に夜の終わりにお義父さんをベッドまで抱えて「お父さん」と呼びかけたとしても、朝になってそれを変に思ったりはしないだろう。そう、お義父さんは、かっこつけようとしているわけじゃないから。

特に気をつけたいこと

あいまいな史実は深追いしない

　最悪なのは学者のように追求することだ。お義父さんがベトナム戦争に従軍したとか、Sirジェームズ・ダイソンに革新的な掃除機を発明するためのアイディアを授けたと言うなら、それでよいのだ。お義父さんを撃ち落とそうとするのは、狙いを定めたまま飛行機ごと海に飛び込むのに等しい。

パートナーの忠誠心を気遣う

　彼女はあなたを愛しているかもしれない。でも、あなたに向かって「7人制ラグビーをしたことがないから、8歳のロシアの体操選手みたいにガリガリだな」と言って踏ん反り返っているその男性は、彼女の父親なのだ。彼が愚か者だと指摘しても、彼女は喜んでくれないだろう。どんなにあなたが正しくても。

許す

　お義父さんの威圧的でこれ見よがしの「群れのボス的な態度」はしゃくにさわるかもしれないし、理想的な会計処理法にまつわる圧倒的につまらない話は延々と続くかもしれない。だが、これだけは忘れないでほしい。いつかはあなたの娘も男を家に連れてくる。あなたがそれまでにつまらない男になっていなければ、「腕相撲では勝てる」と信じていたいものだ。

THE KNACK
結婚式で踊りを披露する

それぞれの時代に合った動きをマスターしているジャーナリスト、Mr デヴィッド・ホワイトハウスのアドバイス。

結婚式は外交手腕が試される場であり、式でのダンスは戦争行為に等しい。つまり、うまいことやるしかないのだ。これほど大勢の希薄なつながりしか持たない他人たちを巨大なテントに押し込み、ワイン漬けにし、Mr クリス・デ・バーの音楽を聴かせるという状況は、滅多に存在しない。そして、踊ろうものなら、いや、踊らないといけないのだが、いくらあなたが苦手な曲でも合わせて踊ることになると覚悟しておこう。踊るあなたの隣には親友、昔の敵、かつて愛した人、途方に暮れたお年寄り、異常に活発な子どもなど、あらゆる人々がやってくるだろう。それぞれに対処しよう。最初のうちはセクシーな花嫁の付添人をきつく抱きしめてMr マーヴィン・ゲイの官能的な調べに合わせてゆったりと体を動かしているかもしれないが、気が付けば4歳児と「タイムワープ（ミュージカル調のホラー映画『ロッキー・ホラー・ショー』の1曲）」を踊っているかもしれない。あなたの普段の行動はさておき、ここで重要なのは全員を楽しませることだ。

01
いまだ！という瞬間を選ぶ

　これは結婚式だ。ということは、犬がプレイリストを作った可能性だってある。銀行強盗級に避けたいような曲をDJがかける前に、自分のグルーヴで動けるように好きな曲、もしくは、耐えられそうな曲がかかったらダンスフロアに進み出よう。それも堂々と大股で進み出よう。もし、途中であなたの好みでないMr フィル・コリンズの名曲が割り込んできたら、「いけない、財布を忘れちゃった」と言わんばかりに強制的に慌ててテーブルに戻るはめになってしまうが。

02
安全第一に

　酔っ払った状態で上手に踊れる人なんていないが、結婚式のダンスは上手い下手の問題ではない。結婚式にふさわしいシャッフルステップ以外のことをしたとたん、あなたは目立ちたがりやのレッテルを貼られるだろう。ダンスフロアで一発芸の"ワーム"（イモ虫のように足から手にかけて順番に体を上下にウェーブさせて跳ねるダンステクニック）を披露しようものなら、新婦のご両親を混乱させてしまうだろう。正しいマナーで控えめに踊ろう。クラブで過ごした輝かしい青春時代の再来ではない。アバの曲でちゃんと踊れない人の居場所はないと肝に銘じることだ。

03
パートナーをつかまえる

　結婚式とは、あなたも含めて団結することだ。いくら自分の気が引けても亀のようなご長寿の新郎のお祖母さんが踊りたいと言ったら、あなたも踊る。花嫁の5歳の姪がMs ドリー・パートンの「9時から5時まで」に合わせて床にひざまずいてほしいと言ったら、新調したスーツのなかで膝が砕けようとも、ひざまずく。結婚式のダンスとは、あらゆるものが入り混じったユートピアのようなもの。年齢や能力など関係ない。健闘を祈る。

04
やめどきを心得る

　これは結婚式だ。ということは、結婚式の最後にお決まりのあれが待っている。スローダンス、つまり、チークタイムだ。スローダンスがはじまる5分前に（落ち着いて）ふと周りを見わたしてほしい。もし、あなたがひとりならダンスフロアに残るにはパートナーを見つけないといけない。永遠に続くかのように感じられるMs セリーヌ・ディオンの「My Heart Will Go On」の曲中ずっとその人を優しく抱きしめ続けるのだから、よく考えよう。

THE KNACK
オーダーメイドのブラッディマリーの作り方

ロンドンの〈45パークレーン・ホテル〉でシニアバーテンダーを務めるMr トマス・モリスのアドバイスを。

　アルコール、トマトジュース、そして、スパイスがひとつになったこの素敵な飲み物は、じっくりと味わうためにある。一見すると、こうした材料の不思議な組み合わせからカクテルとして成立する味覚など生まれるはずがないとか、これは悲劇を生み出すレシピだと思う人もいるだろう。だが、正しい作り方と材料があれば、これ以上にすばらしいカクテルは存在しないのだ。
　日曜ブランチの定番となった悪名高いカクテル（プロテスタントに対して容赦ない弾圧を行ったイングランドとアイルランドの女王、メアリー1世のあだ名"流血のメアリー"に由来する）の起源についてはさまざまな説があるが、20年代にパリの〈ハリーズ・ニューヨーク・バー〉ではじめて"ブラッディ"を作ったバーテンダーのMr フェルナンド"ピート"プティオを生みの親と呼んでいいだろう。現在では無数の愛好家たちがオリジナルのバリエーションやレシピ、付け合わせなどを考案してブラッディマリー作りは、楽しい週末を過ごすうえでも欠かせないものになった。

必要なもの

材料

ウォッカ60ml、トマトジュース110ml、搾りたてのレモン果汁20ml、角氷、タバスコ、ウスターソース、バジルの葉、ミニトマト、カイエンペッパーソース、ホースラディッシュ、挽きたての黒胡椒、セロリソルト

器具

500mlのミキシンググラス、清潔なハイボールグラス、カクテルストレーナー、バースプーン、ジガーカップ、飾りのストロー

01
最良のものでミックス

　最高品質のウォッカ(BelvedereかChaseが特におすすめ)60mlを500mlのミキシンググラスにたっぷり注ぐ。トマトジュース110mlと搾りたてのレモン果汁20mlを加える。ジガーカップは分量を計るのにもってこいなので、カクテル作りに活用したい。

02
辛いのがお好き?

　昔からの習慣としてタバスコ3mlとウスターソース6mlを加える。ここからはひとつまみのセロリソルトと挽きたての黒胡椒、または小さじ1杯のAtomicのホースラディッシュと小さじ2杯のカイエンペッパーソースなど、さまざまなスパイスを加えて自分だけのテイストに仕上げてみよう。私の隠し味はホースラディッシュとカイエンペッパーソースだ。

03
チルアウトさせる

　ミキシンググラスに入った飲み物に氷を入れて冷やす。そのときにバースプーンで混ぜよう。混ぜるのに時間をかけすぎると飲み物が薄くなってしまうので、気をつけること。カクテルストレーナーを使ってミキシンググラスの中身を角氷で満たしたハイボールグラスに移す。カクテルストレーナーが丁寧に濾してくれるので、透き通ったカクテルが楽しめる。

04
オリジナリティを加える

　オリジナルのブラッディマリー作りにおいて大切なのは多様さと創意工夫だ。つまり、付け合わせがオリジナルを仕上げるのに重要な役割を担うのだ。ミニトマト、バジルの葉、もしくは細かく挽いた黒胡椒を加えて、自分だけのカクテルに仕上げてみるのはどうだろうか。ストローをスッと差して楽しもう。

特に気を付けたいこと

アルコールへの理解不足

多くの人(特に迎え酒の効果を信奉している人)はウォッカを入れすぎる傾向がある。また、ウォッカの量が少なすぎる人もいる。カクテル味を完璧なものにするには、鍵となる材料をきっかり60mlで計量すること。

悪いミックス

冷たいブラッディマリーが好きだけど、せっかくのカクテルを溶けた氷で薄めてしまって台無しにしたくないときにおすすめの方法がある。まずは正しい分量を混ぜて、適温のカクテルを作る。次に氷を入れてバースプーンで30回ほどかき混ぜれば完成だ。

失敗を恐れない

あなたが思い描く、理想のブラッディマリーの味にぴったりの量のタバスコ、ペッパーソース、ホースラディッシュ、ウスターソースを見つけるまで失敗を恐れないこと。

間違ったグラスを使う

グラスの種類は無数にあるが、ブラッディマリーには必ず氷で満たしたハイボールグラスを使おう。定番のハイボールグラスは、クラシックで飲みやすいだけでなく、すべてをうまい具合にまとめてくれる。日曜のブランチにふさわしい、すっきりとした完璧なカクテルのできあがりだ。

マンネリ化になる

新しいことへの挑戦を恐れる人もいるだろう。幸いなことに、オリジナルのブラッディマリー作りにおいて間違いというものは存在しない。自分がいいと思うなら、どんなものを加えても問題ない。

THE KNACK
フェスでの服装

野外音楽フェスティバル(以下フェスと呼ぶ)の達人、ジャーナリストのMr デヴィッド・ホワイトハウスのアドバイスを。

スタイルとフェスは昔から犬猿の仲だ。おそらく、あなたはテントで寝ることになるのだが、それはよく見積もってもゴミ箱で暮らすようなものだろう。自宅のようにくつろげるなんて考えてはいけない。タバコの箱のアルミ箔が鏡。ウェットティッシュがバスタブ。洋服はバッグにぎゅうぎゅう詰めにされてしわくちゃ。おまけに天気のことも心配しなければいけない。天気はあなたの宿敵だ。もし天候が地球上の生命を育む環境を見事に維持してくれていなければ、私たちはとっくの昔に破壊し尽くしていたに違いない。野外で音楽を聴くにせよ、映画『シザーハンズ』に出てくるMr ジョニー・デップの顔色をしながらホットドッグを買うために3時間並ぶにせよ、フェスで1日を過ごすということは、かっこいい姿でいられる可能性は低い。せめてルールだけはおさえておこう。

01
心地よい環境にさようなら

　思い通りの姿で過ごしたい？ だったらいっそのこと、家にいよう。フェスというものは別物なんだ。ここでは水回りの環境が街中とは異なる。フェスでのスタイルは、自然と機能性、そして、美しいものと必需品のうかれたブレンドだ。素肌とゴム製の長靴、香水と日焼け止めローション、《Canada Goose》のパーカーとショートパンツ。こうしたものをすべて受け入れること。アイロン済みのシャツ、シルエットが美しいパンツとブローグシューズ姿の隅っこにいるあの男は何者かって？ 彼は例外だ。我々と考え方が異なるのだ。

02
変装の技法を体得する

　フェスでの正しい格好は変装することでもある。大切なのは、ひとつのキャラクターを作り上げること。つまり、午後1時でも自意識の重荷に押しつぶされることなく野外で踊れる、太陽に愛された別の自分を生み出すことだ。そして、寛大であること。だからと言って、リオのカーニバルに参加したドラァグクイーンのルポールを見習えと言っているのではない。だが、フェスで大胆な色やアクセサリー使いをしなければ、幼児向けテレビ番組『テレタビーズ』のエピソードに出てくる不機嫌なパントマイマーみたいになってしまうから気をつけよう。

03
クールでいよう

　フェスの基本を思い出してほしい。眼を守るためのサングラスや帽子、たとえば《Hartford》の中折れ帽や《Paul Smith》のパナマ帽などは、場合によっては水よりも大切だ。だが言っておくが、こうした帽子にベストを合わせて、薄ら笑いを浮かべてはいけない。フェスの定番服のなかで都会的なこの格好をする連中はクールでありたいと思うがあまりフェスの過酷な環境を見失っているのだ。

04
決して諦めない

　ただの雨だ。オッケー、でも服装的には困った状況だ。使用済みのラージサイズのコンドームみたいにならずにビニールの雨用ポンチョを着こなせる人なんていない。これと同じくらい目をおおいたくなるような大雨への過剰反応を紹介しよう。服を脱いで泥まみれになる連中がいるが、それは病気になることを自ら進んでやっているようなもんだ。スタイルのことはさておき天候をやりすごすに限る。とは言っても、雨用ポンチョ、塹壕足炎（冷水やぬかるみに長時間漬かったままのときに起こる症状）、または逮捕となるとやりすごせないよね。

05
バンドと一緒（もしくは、一緒ではない）

　世界中、どのフェスに行っても見かける姿がいくつかある。その姿はニキビのように集団で存在する。2001年から2005年にかけてグラストンベリーで流行したMs ケイト・モスやMs シエナ・ミラーに代表されるボヘミアンを盲目的に真似した、安物のランプシェードと見間違うような女性たちというのは、どこに行ってもいるだろう。それと同じように罪深いのは、フェスで演奏するバンドと同じ格好をする男たち。これだけはやってはいけない。たとえば、キングス・オブ・レオンがフェスでもあんな格好ができるのは、ゴルフカートやヘリコプターで悠々と移動できるからだ。普通の状況だったら、そんな格好は馬鹿らしくさえ見えるだろう。ラモーンズのTシャツを着ているということは、あなたもメンバーだったってことかな？

よくある間違い

サンダル

　どんなに暑くともサンダルは、親指を骨折して裸足で帰りたい人が履くものと認識しよう。あなたには馬や牛みたいに丈夫なひづめがないのだから、サンダルは履かないほうが賢明だ。

大人用のロンパース

　まさか、いかがわしいモチーフが付いた蛍光色の着ぐるみなんて着て行かないよね？あぁ、よかった、ちょっと確認しただけさ。

グッズを買う

　えーっと、まだ意識がはっきりしているうちにフレンドシップブレスレットを買ったのは正解だったね。ついでにタトゥーも入れてね。

THE KNACK
マンネリな髪型から抜け出すには

ヘアスタイリスト、Mr マット・マルホールのアドバイスを。

　10代後半からずっと同じな髪型から脱すること。それは、私たち大多数にとってあまり心穏やかな提案ではないだろう。「男性は慣れ親しんだものを好むあまり、同じ髪型に固執する傾向がある」と、Mr マット・マルホールは言う。Mr マルホールは23年以上にもわたってロンドンでもっとも影響力のある男たちの髪型を整えてきた人物だ。「どんな髪型が自分に合っているかをわかっているつもりでも、時代が変わればスタイルも変わる。同じ髪型にずっと固執する結果、時代に取り残されて、実年齢よりも老けて見えてしまう」《Lanvin》や《Burberry》などのメンズのファッションショーに参加するモデルのヘアスタイリストも務めるMr マルホールが、どのようにしたらマンネリな髪型から抜け出せるかについて知恵を授けてくれた。

01
批評家になろう

　今度あなたが美容院に駆け込む前に、鏡の前に立って自分の髪のどこが好きでどこが嫌いかをじっくりと見てみよう。ここではしっかり現実を直視するよう心がけてほしい。肌と同じように、髪も歳を重ねる。だから髪型もそのときの年齢に合ったものでなければいけない。中年のモヒカンで老いを食い止めようとするのはおすすめできない。それでも、まだどうしたらいいかわからず、ほかの人の視点で見てみたいときは、写真や短い動画を撮って後ろや横から観察しよう。

02
髪型を選ぼう

　鏡の前で自分自身をじっくり評価したら、今度は男性ファッション誌やスタイリッシュで年相応なファッション広告などを物色して参考資料を集めるのもいいだろう。それだけでなく、あなたの周りにいるスマートな男性たちに注目して彼らの髪型を参考にするのもいい。そんなことは大変そうだと途方に暮れないでほしい。ほんのわずかな変化でも、自分の気分や人から見える印象を大きく変えられるはずだ。

03
美容師を替えてみよう

　自分にふさわしい美容師を見つけるのは重要なことだ。あえて理想を言えば、あなたと似た価値観を持ち、あなたの要望を理解するだけでなく、あなたにどんな髪型が似合うかを見抜ける人を選びたいもの。そんな人物を見つける最善の方法は、周りへの聞き込みと入念なリサーチだ。いっそのこと、怖がらずに友人にも訊いてみよう。一般的な認識とは反対に、こんなことを訊くからと言って、誰もあなたを変人だとは思わないだろう。いまでも4週ごとにしぶしぶカット代を払っているなら、あなたの望みを叶えてくれる素敵な美容師を本格的に探すべきだ。

04
自分らしい格好で美容院に行こう

　美容師はあなたの個性や見た目によって、あなたに合う髪型を決める。だからベッドから飛び出したような寝起きの状態ではなく、自分が人から見てほしいと思う格好で美容院に行こう。だらしない土曜日のスウェットパンツ姿ではない。ここは努力を惜しまないことが大切だ。

05
言葉できちんと伝えよう

　髪を切るうえでもっとも大切なのは情報だ。ダンマリを決め込んだ挙句「どうしたらいいですかね？」の一言はいけない。それと同じように、カットやセットの仕上がりに満足して、どうしたら同じように自分でもヘアセットができるかを知りたいときは、臆せず美容師に訊いてみるといい。どのシャンプーがいいか、コンディショナーは必要か、また、スタイリング剤を使ったステップごとのセット方法などを教えてもらおう。

よくある間違い

固執する

　お客様のカットを担当する際に、私がもっとも頻繁に耳にするのは「髪質が変わった」という文句だ。その人がそう思うのだから、きっと変わったのだろう。歳を重ねるごとに髪は変化する。だから若い頃の髪型を維持しようとするのは不毛だ。だって、その頃のあなたを素敵に見せていたのは髪型じゃない、ストレスのない顔つきなんだから。

理想を追い求める

　髪の質や量に関して現実的であること。現実と理想は違う。もし、前の部分が薄くなっているようだったら、前方にふっくらとした髪型のリーゼントスタイルは叶いそうにないのだ。

"トレンド"に従う

　髪型は、あなたの人生において一過性のスタイルに身を任せてはいけない。男性らしくクラシックにとどめよう。中年になってからなにかを主張するようなヘアに変えるのは控えたい。短めのバックやサイドは昔から人気だが、それにはちゃんと理由がある。いつの時代も最高にかっこよく見せてくれるからだ。

THE KNACK
ビジネスに全力投球するには

出張好きジャーナリスト、Mr マンセル・フレッチャーのアドバイスを。

　映画『マイレージ、マイライフ』で、Mr ジョージ・クルーニーが演じたビジネスマンのキャラクターは、お決まりの出張旅行を苦行と思わなかった歴史上初の人物だと言っていいだろう。出張というものは苦行なんて生易しいものじゃない。なぜなら、仕事で旅することがないうえ、機上の人はみんなバカンス中だと思っている友人や家族に「大変そうだね」と同情を求めるのは無理だからだ。それだけではなく、出張というものは心身ともに消耗させる。早朝からスタートし、空気がこもった環境下で長時間を過ごし、日中はコーヒーと炭水化物、夜は高カロリーな料理やアルコールといった偏った食生活の誘惑のなかでつねに最高の見た目と気分を維持するのは決して容易ではない。私たちからなにかアドバイスはないかって？ 必要最低限のグルーミング用品と健康に対する思慮深いアプローチを組み合わせれば、どんな男性もビジネスの場で勝つだけでなく、ビジネスマンらしい姿を手に入れることができると思っている。

01
完璧な荷造りを心がけよう

　身軽な荷物だけで旅するのは美徳かもしれないが、それよりも大切なのは備えを万全にしておくことだ。3泊の出張にはネイビー系のスーツ1着、カジュアルな会議でもスーツのジャケットと合わせられるようなチノパン1本、ニットタイ2本（スーツケースのなかでしわにならない）、黒いオックスフォードシューズと茶色いローファーが1足ずつあれば十分。ディナーのときに着替えたいなら、1日ごとに2着ずつのシャツと下着も準備しておこう。ジムウェアを入れておくのもいいだろう。家族もいないことだし、遠慮なくランニングマシンで汗をかける。

02
フライト前の準備

　飛行機による長時間の移動があなたのエッジの効いた服装をだめにしてしまわないよう、きちんと準備しておこう。まず、ここで必要なのはガーメントバッグ。客室係用のクローゼットには決まって十分なスペースがないので、スーツを守るためにも飛行機に乗る前からジャケットをガーメントバッグに入れて、平らな状態で頭上の手荷物棚に収納しよう。次に大切なのは肌の保湿。エアコンによる乾燥はあなたの宿敵だ。でも、乗客たちの前で堂々と手や顔に保湿剤を塗るのではなく、手洗いに行った際にスマートに保湿剤を塗ればいい。フライト中もみずみずしい外見を保ってくれる。

03
必要なものを入れる

　完璧な化粧ポーチには、現代の紳士に必要なあらゆるグルーミング用品が備わっていないといけない。必要なのは、あなたに合ったシェービング用品、アフターシェーブローション、オイルフリーの保湿剤、デオドラント、リップバーム、そして、洗顔料。まともなホテルならシャワージェルはあるかもしれないが、自分用があればなおいいだろう。ホテルにいる全員と同じ香りですごしたいと思っているなら別だが。

04
シャツ、シャワー、シェービング

　飛行機から降りたらシャワーとシェービングを済ませる時間は確保しておきたい。その日の最初の会議までにホテルにチェックインしてシャワーを浴びる時間があれば理想的だが、もし、そんな時間もないならば空港のシャワーを15分ほど利用しよう。清潔なシャツを着て、待ちに待ったコーヒーがあれば、準備完了だ。

05
すぐに荷解きをしよう

　ホテルに到着して、やっとゆっくりできるというのに、すぐに荷解きに取り掛かるのは気が重いかもしれない。だが、できるだけすぐに洋服をスーツケースから出してハンガーにかければ、しわになるのを防いでくれる。すでにしわくちゃだったら、シャワーで体を洗っている間バスルームにかけておけば、しわも減るはずだ。

THE KNACK
クラシックカーの世話をするには

ニューヨークの〈クラシックカークラブ〉の共同創立者、Mr マイケル・プリチネロのアドバイスを。

　クラシックカーというものは、ほかの車とは違う。時代を超えたクールな魅力や外見は当然ながら、ヴィンテージスポーツカーの装置を見てみると、自動車と会話をしているかのような、部品同士のつながりを感じられる。クラシックカーには、現代の自動車では決して感じられない、手作業で育てる農耕的かつメカニカルな趣が同居している。クラシックカーを持つことは所有者の美的感覚とテイストをはっきりと示す。いまのフェラーリを運転することは、莫大な資産を銀行口座に蓄えていることを示す。だが、クラシックなフェラーリ308やディーノ246を所有することは、あなた自身についてより多くを語る。あなたには品格があることを示してくれるのだ。たとえ目的地に時間通りになにごともなくたどり着く保証が100％ないにしてもこうした人はリスクを恐れず、クラシックカーを所有することに伴う責任を進んで受け入れる。それに、きちんとクラシックカーの世話をすれば、より素敵なドライブ体験があなたを待っている。ここでは、老いた貴婦人を安全に走らせるためのヒントを紹介しよう。

01
まずは宿題をこなそう

　自動車のモーターなど燃焼機関の主な構造を解説している本を何冊か読んでおこう。古い自動車がきちんと動くには、スパークプラグがちゃんと機能して、さらには燃料と空気が必要だ。この3つのシステムが自動車においてどのように作用するかを大まかに把握しているだけでも、緊急時、自動車を道端に停めたときにきっと役に立つに違いない。

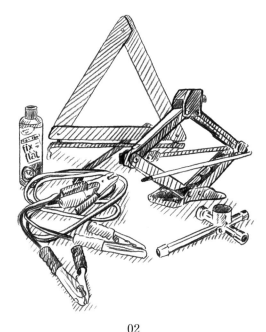

02
必需品を揃えよう

　適切なツール一式あれば、たいていの問題は解決できる。その一式にはジャッキ、パンクに備えてビードシーラー（私はフィクスアフラットを使っている）、耳付きナットの大きさに合ったレンチ、緊急時にほかの車に注意を促すための三角停止板、ブースターケーブルが含まれていること。このなかでももっとも重要なのがブースターケーブルだ。クラシックカーは配線が古くなるにつれてバッテリーが上がりやすくなるのを忘れずに。

03
コミュニティに参加しよう

どんなに特殊な車にも専門のネット掲示板が30以上はあるはずだ。あなたがフェラーリ派であれ、ポルシェ派であれ、思い当たる限りのマイナーな車のオーナーであれ、その熱意を分かち合う相手がいる。そんな私も掲示板に参加して、いくつかの質問と答えを印刷してバインダーにまとめている。困った事態やアップグレードをしたいときに備えて、いつも持っているようにしている。クラシックカーのコミュニティはどれも最高なので、ぜひ活用してほしい。

04
ケア用品を揃えよう

適切な自動車用のローションやクリーニング用品を揃えるには投資が必要だ。日焼け止めを塗るのをイメージしてほしい。私は《Meguiar's》の製品を使っている。私がクラシックカーで最初にチェックするのはサンバイザーだ。というのも、自動車の年数はこの部分にまず表れるからだ。《Meguiar's》の製品で年に2回はダッシュボード、ビニール、そして、レザーの部分を掃除しよう。そうすれば十分に保湿されて、きれいな状態を保つことができる。

05
秘密の液体

　昔の自動車は、潤滑油の役割を果たす鉛入りのガソリンで走っていた。いまのガソリンに鉛は含まれていないが、その代わりにアルコールが多く含まれているので、ガスケットやほかの部品を燃やしてしまうことがある。時々、ガソリンにMarvel Mystery Oilを1缶分加えよう。エンジンのゴム製の部分に天然のミネラルが加わることによって、すべてがぴったりと密封され、フレッシュな状態になる。

06
どんなささいなことも有益と心得る

　どんなに小さな問題にもきちんと対処すれば、発疹のように症状が広がる心配はない。とりわけ、ホイールのリムは重要な部分だ。自動車の見た目の良し悪しは、ここにかかっていると言ってもいい。修理してくれる地元の職人を見つけておこう。高い出費ではないので心配することはない。昔の車のリムのほとんどはきれいに磨かれたアルミだった。

Mr プリチネロが選んだクラシックカー トップ3

サーキット対応の1974 PORSCHE 911 MF1

私のコレクションのなかでも美しい1台。モダナイズされているが、昔の面影はしっかりと残している。

1969 JAGUAR Eタイプ

まさにクラシックカーの精髄と呼ぶにふさわしい1台。エンツォ・フェラーリに「自社の製造ラインから生まれていれば」とまで言わしめた唯一の自動車。

1969 FORDブロンコ

クラシックカーが必ずしもセダンである必要はない。ヴィンテージトラックはほんとうに素敵だと思う。このフォードブロンコはどんな道もものともしない。

THE KNACK
大胆なスタントを成功させるには

映画『007』シリーズや『インディ・ジョーンズ』のスタントマン、Mr ヴィック・アームストロングがその舞台裏について教えてくれた。

　Mr ヴィック・アームストロングが出演した映画をいくつ観たことがあるだろうか？ ゼロ？ よく思い出してほしい。映画の冒頭のクレジットや広告にその名前が登場することはないかもしれない。それでも、Mr アームストロングは40年にわたって世界を代表するスタントマンのひとりとして、ハリウッドが誇る数多くのアクション映画のスタント（業界では"ギャグ"と呼ぶ）を計画、そして遂行してきた人物なのだ。映画『インディ・ジョーンズ』シリーズでMr ハリソン・フォードのスタントダブル（役者に代わってアクションシーンを演じる人物。アップでのシーンも演じるため、通常のスタントよりも俳優と背格好などが似ている人が起用される）を務めた人は？ そう、Mr アームストロング、どうぞ前へ。また、映画『アラベスク』のMr グレゴリー・ペック、『女王陛下の007』のMr ジョージ・レーゼンビー、『007 死ぬのは奴らだ』のSir ロジャー・ムーア、『スーパーマン』3部作でMr クリストファー・リーヴのスタントダブルを務めた人、どれもMr アームストロング、その人である。さらに『ブ

レードランナー』、『スター・ウォーズ エピソード6／ジェダイの帰還』、『ネバーセイ・ネバーアゲイン』も忘れてはいけない。『ネバーセイ・ネバーアゲイン』ではSir ショーン・コネリー演じるジェームズ・ボンドのスタントを務めた。近年では、スタントのコーディネーションや『マイティ・ソー』、『ミッション：インポッシブル3』、『宇宙戦争』、『007 ダイ・アナザー・デイ』、『007 ワールド・イズ・ノット・イナフ』をはじめとするヒット作に限らず、珍しくも男性色の薄い映画『チャーリーズ・エンジェル』のセカンドユニット監督としても活躍している（「キャメロン・ディアスは最高だったよ。俺たちスタントマンたちと一緒にいるのが好きだった」とMr アームストロングは言う）。そんなMr アームストロングならではのコツを紹介しよう。

01
創造性を発揮しよう

　Mr アームストロング曰く、最大のスタントは独創的であること。スタントには、台本に明記されていて、撮影中に即興で行わないものもあれば、台本にスタントの概要だけが書かれていて、そこからアイディアを練るものもある。たとえば、映画『007 ダイ・アナザー・デイ』のボートチェイスの場合、台本には「ボンドがMI6本部を出てミレニアムドームにたどり着く」としか書かれていなかった。だけど、熱気球を使いたいという要望があったので、テムズ川沿いを行ったり来たりしてアイディアを検討した。場所がインスピレーションやアイディアを与えてくれることもあるのだ。

02
備えあれば(ほとんど)憂いなし

　安全第一の鍵を握るのが、事前準備だ。スタントはとにかく全速力で挑み、深呼吸して、うまく行きますようにと祈るのではない。すべてが計算済みだ。再び、この仕事がしたいからというのも理由のひとつだろう。つまり、怪我をしてしまったら、給料はもらえないからだ。一連の流れを思いついたら、次は「よし、どうやってこれを実行するか」と自問して、撮影方法を思い描きながら動きを細かく考えていく。美術担当者や特殊効果スタッフといったほかの部門とのかかわりまでも含んだ、あらゆるディテールを段階ごとに検討しなければならない。たった数秒の動きでも、何カ月もの時間をかけることだってある。肝心なのは、できる限り観る人に違和感を覚えさせないようにすることなのだ。

03
準備

　いつもスタントを演じる前に精神統一をしてまで必死に気合を入れる必要はない。なぜなら、事前に入念な準備が行われているからだ。後は、自分が一番得意なことを遂行すればいいだけのことだ。ひとつの映画には、主役のスタントダブルとして5人のスタントマンがいる場合もある。運転だったり、障害物を越えることだったり、武術だったり、馬術だったりとさまざまだが、それぞれが異なる役割を担っている。そして、スタントがあまりにも危険

だと思ったら、私はやらないようにしている。そのなかでも、火を扱う場面はいつも緊張する。火はあまりにも瞬間的で決定的で、容赦ない。同じように、高所からの落下もそうだ。動き出したら誰にも止められない。失敗すれば地面に落ちて首の骨を折るだけなんだ。

04
後悔はしない、集中はする

『オーメン／最後の闘争』の撮影中に高さ30メートルの陸橋から飛び降りたことがあった。撮影の前の晩「俺は一体なんでこんなことをしてるんだ。どうかしてる」と、ずっと考えていた。スタントマンにとって最大の恐怖は失敗だ。撮影中は無数の不確定要素があるし、爆破シーンならひょっとしたら25万ポンド（およそ3千800万円）くらいはする舞台装置が一瞬で吹き飛ぶこともある。もし、自分が失敗したらまた作り直さなければいけない。だから、責任重大なんだ。あるシーンで俳優がセリフを間違えても、必要に応じてなんどでも撮影し直せばいい。カメラの前となるとスタントマンはそうはいかない。だから、冷静さを保たなければいけないんだ。

05
コンピューターを超える

　モルヒネと同じように、コンピューターアニメーションはふさわしい場面でふさわしい分量を使えば、見事な効果を生む。だが、乱用はすべてを台無しにしかねない。その昔『スーパーマン』のときにピアノを吊るすのに使う1本のヨリ線のワイヤーで飛ぶシーンを撮影した。ワイヤーが切れたら、どすん！そのままコンクリートに激突だ。それに、衝撃吸収パッドを隠すことなんてできなかった。どんなものもペンキで塗りつぶすか、なにかの後ろに隠さなければいけなかった。でも、いまは指ほどの太さのワイヤーを使っても、編集で消せる。スロープや安全用のマットがフレームインしていても、後で取り除けばいい。コンピューターアニメーションはすばらしいものだし、すべての動きをそれで表現する監督もいる。でも俺はそんなのは結果的に偽物っぽく、違和感を覚えてしまうから違うと思う。だから、俺たちはつねにベストを尽くせるよう、努力を怠らないんだ。

THE KNACK
古い靴を復活させるには

ロンドンの有名な〈クラシック・シュー・リペア〉のMr コスタス・ゼノフォントスのアドバイス。

　素敵な靴は"投資"として表現されることが多い。ただし、たいていの投資と異なるのは、両足を入れて繰り返し地面を蹴り付けるという点にある。どんなに一流の靴も最終的には二流品のような見た目になってしまうのも無理はない。そうは言っても、美しく履き込まれたオックスフォードシューズは、靴箱から出されたばかりのスニーカーと違い、その人について多くを語ってくれる。それでも、たとえどれほど大切に扱おうとも、どんな靴も劣化するという普遍的な真実を受け止めなければいけない。しかし、どれほどボロボロになった靴でも復活させられるステップがいくつかあることも忘れないでほしい。これらを誰よりもよく心得ているのが、ロンドンの〈クラシック・シュー・リペア〉でディレクターを務める、Mr コスタス・ゼノフォントスだ。長きにわたって古くなり、傷ついた世界中の優れたメゾンブランドの靴の修理を任されてきた1963年創業のMr ゼノフォントスの工房は、いまやロンドン随一の靴屋として定評がある。

01
素材を知ろう

　靴を手入れする前に、素材について知っておこう。カーフ、ヌバック、スエード、ゴートスキン、クロコダイル、アリゲーターのように、レザーにはいろいろな種類がある。日常使いに適したものもあれば、繊細なものもある。エイジングやピカピカにツヤを出したものなど、仕上げもさまざまだ。そして、すべての素材に適したケア製品がある（私はWolyを使っている）。だから一般的なシューポリッシュで満足する必要はない。ただ、気をつけたいのは間違った製品を使わないことだ。

02
シミに注意

　シミのなかには、決して取り除けないものもある。そのなかでも一番タチが悪いのがキャンドルワックスや調理油などの熱い油だ。油分によってレザーの表面の風合いが損なわれてしまうスエードやヌバックのような素材は特に注意が必要だ。同様に塩分を含んだ荒砂が混じった舗道の水ジミも取り除きにくい。こうしたシミを完全に消せると思わないようにしてほしい（靴を染めても消えないくらいなのだから）。シミを消そうと必死になりすぎても、状況を悪化させるだけだ。

03
プロの力を借りよう

あなたの手先の器用さにもよるけれど、たとえるなら、靴の手入れは肌の手入れに似ている。まずは、汚れを落とし、磨き、クリームなど必要なケアを施す。どれも家でできる簡単なことばかりだ。だが、ナイフや針や糸が必要な状況に直面したら、迷わず専門家に任せよう。経験もないのに美容整形手術を試みたりはしないだろう。あなたの大切な靴に関しても同じことが言える。

04
諦めも肝心

直せるかもしれないと期待しながら安い"年代物"の靴を買う人がたくさんいるのを見てきた。もし、古着屋でクロコダイル製のみすぼらしいローファーを見つけても、直せる！なんて思ってはいけない。レザーの表面が乾燥して、ひび割れていれば、もう捨てるときが来た証拠なのだ。レザーには手入れと栄養が必要だ。あまり長い間放置されていたら、もう救えないだけだ。諦めなければいけないときもある。

05
予防しよう

　幼い頃から靴の世界で生きてきた私は、必ずシューツリーを使うようにといつも言われてきた（自分が教えたことを実践しない場合もあるが）。靴を脱いだらすぐ、まだ靴に温もりが残ってレザーが緩まないうちにシューツリーを入れよう。そして、たまにレザーを手入れすることも忘れないでほしい。クリームで栄養補給してあげれば、乾燥を防ぐことができる。靴を復活させるためのアドバイスではないが、後になってより大掛かりな処置が必要になるのを防いでくれる。

よくある間違い

暖房器で靴を乾燥させる

　靴を台無しにするのに最適な方法だ。レザーがもろくなり、ひび割れの原因になる。靴がずぶ濡れになってしまったら、新聞紙など水分を吸収してくれるものを詰め込んで、自然乾燥させよう。

接着剤を使う

　そうしたい気持ちはわかる。だが、接着剤はレザーにとって最悪だ。接着剤を塗った表面は、傷付けずに剥がすこともできなければ、縫うときに針を貫通させることもできないのだ。

高価な靴に低予算のケア

　目抜き通りに店を構える行きつけの靴屋は、ハンドメイドのクラシックな靴を取り扱うのに普段から慣れていないかもしれない。お気に入りの1足が安っぽいプラスチックのヒールの靴底をつけて戻ってくる（もっとひどい場合だってある）リスクはなるべく避けるべきだ。

THE KNACK
最高のパーティーを主催するには

イベントなどをプロデュースするMy Beautiful Cityの創立者、Mr ロビン・スコット=ローソンのアドバイス。

「ウチでパーティーしない？」と、誘うのはたやすいが、この発言は失望を引き起こしたり恥をさらすことになったりもして、やり方を見誤れば社会からの追放という事態にもなりかねない。だが、案ずることはない。ちょっとしたアイディアや事前準備だけでスムーズにパーティーを主催できるだけでなく、最高の主催者という誰もがうらやむ称号を手に入れられる。最高のパーティーを主催するためのヒントのひとつやふたつを紹介できる人物としてMr ロビン・スコット=ローソンほどふさわしい人はいない。Mr スコット=ローソンが運営するクリエイティブエージェンシーは、ホテル〈クラリッジズ〉や《Ralph Lauren》をはじめとする、数々の格式高いクライアントが主催するパーティー、ファッションショー、映画のプレミアなどをプロデュースしてきたのだから。

01
計画

　自宅でパーティーをするときはテーマを決めることからはじめよう。テーマと聞くと尻込みするかもしれないが、雰囲気作りに有効だし、計画の出発点としてもふさわしいスタートを切れるはずだ。もちろん会話を盛り上げてくれるだけでなく、みなテーマに合った仮装をするのをおもしろがるだろう。それにインテリアで遊んでみることができる。食べ物や飲み物をテーマとリンクさせるのもいいだろう。

02
招待

　これまで参加した数々のパーティーの教訓を教えよう。それは、この人は呼ばないといけないなという義務感から呼ぶのではなく、このパーティーに来てほしい人だけのリストを作ることだ。あと、パーティーにはスパイスが必要になってくる。つまり、ゲストが非日常的な雰囲気を楽しめるよう、ぶっ飛んだ人物を何人か呼ぶようリストを作っておくのも忘れずに。

03
雰囲気

私は照明マニアだ。照明は、人々の気分やパーティーの雰囲気を左右する重要な要素になる。なるべく暗く、セクシーにしておこう。パーティーが終わったとたんに照明を点けるのもよくない(なんて不親切なんだ)。パブの閉店時間じゃあるまいし。私のお気に入りは赤い色付きの電球。地下のバーにいるような雰囲気を演出してくれる。室内の飾りは大切だけど、最後は壊れたり、捨てる羽目になるので、あまり大金をつぎ込む必要はない。

04
スナックとアルコール

食べ物や飲み物で頭をひねって遊び心を演出するのはとても重要だ。人々の記憶に残り、後になっても話題になるものだから。ちょっとしたディテールでも大きな違いを生むことができる。だから新しいことに挑戦してみよう。以前、自宅をウェスタン風の酒場にしたことがある。昔のペンキ容器でウィスキーやピクルスジュースをゲストたちにふるまった。別の年には、ゲストに似せた小さなジンジャーブレッドマンのクッキーを作ったこともある。

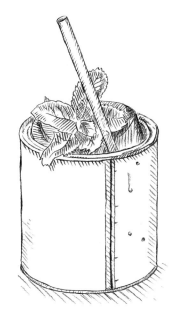

05
パーティーの時間

　あまり早くからパーティーを盛り上げすぎないこと。音楽をかけて、リラックスするのが大切だ。自分が主催するパーティーで、こぼれた赤ワインや全員にカナッペが行き届いているかなんて、やきもきするのはおもしろくないだろう。個人的には、ペットが数匹参加するのも好きだ。私が飼っているスプリンガースパニエルのチャーリー・マーフィーは、パーティーとなると、いつも人々に混ざってゲストたちになにか言いたげな不思議な眼差しを投げかけている。たとえ追加料金が発生するとしても、翌日の清掃を手配しておこう。家が正常な状態に戻るまで、羽毛布団にくるまって待っていればいいんだ。

よくある間違い

お酒が足りない

　アルコールがなくなれば、楽しみもなくなる。負担にならない程度にバーコーナーに十分な飲み物を準備しておくこと(ドライバーのためにノンアルコールの飲み物を準備することも忘れずに)。場合によっては、ゲストに「ボトル1本持参」で来てもらうのも手だ。

ゲスト不足

　あれ？ 西部劇みたいにタンブルウィードの転がる音がしてる？ 少人数の内輪のパーティーでもないのなら、ゲスト不足はそんな気まずい状況を招く。招待者が必ず参加してくれるとアテにしてはいけない。出欠の連絡がまだの人がいたら確認しよう。

ゲスト過多

　それとは逆に、ニシンの缶詰のようにゲストをぎゅうぎゅう詰めにするのも決していいアイディアとは言えない。家の収容人数をわきまえること。もし、盛大なパーティーを計画しているなら、場所のレンタルも検討しよう。そして、パーティーがすごく賑わってきたら、通りから音楽を聴きつけて、招待されてもいないのに勝手に入って来る人たちに目を光らせておこう。

キャンドルの置き場所

　床一面にキャンドルを並べるのはいいアイディアかもしれないけれど、消防隊が緊急出動してきたら、せっかくの雰囲気も台無しだ。アルコールがある場では、むき出しの炎は避けるに越したことはない。

宿敵を招待する

　パーティーが大規模であれ小規模であれ、招待者のリストアップには外交手腕が必要。別の意味で花火を打ち上げられて終わりたくないからね。

THE KNACK
新しいブーツの靴ひもの結び方

オーストラリア、メルボルンのプロフェッサー・シューレースことMr イアン・フィエジェンのアドバイス。

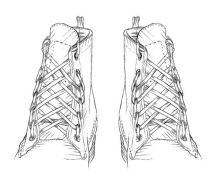

　冬はブーツ、それも何足ものブーツを履く季節だ。ブーツを履く理由は数えきれないほどたくさんある。アーミーブーツやワークブーツはその機能性ゆえにどんな場面でも重宝されるし、フォーマルな格好にはドレスブーツや乗馬ブーツがしっくりくる。ブーツのなかには、《Diemme》のハイキングブーツや《Red Wing》のバイカーブーツのように、両方の特長を持ち合わせているものもある。

　この世にいくつもの種類のブーツがあるように、靴ひもの結び方もその目的によって実に多種多様だ。結び方には履き心地のよさを考慮した控えめな外見のものから、間違いなく見る人の視線を虜にするような、忘れられないパターンまで、実用性やスタイルに応じたものを自由に選ぶことができる。なんと言っても、美しく結ばれた靴ひもは、履いているブーツだけでなく、あなたの服装全体をばしっときめてくれるのに欠かすことができない仕上げの要素だ。ここでは、5つの異なる結び方をイラストとともに紹介しよう。気に入るものもあれば、「こんなのもあるんだ！」と話のネタになるものなど、あらゆる発見があるに違いない。

01
失敗知らずの結び方

ほとんどの人(そして、ほとんどのメーカー)は、靴ひもを左右交互に通す、あの昔ながらの結び方を採用しているだろう。それには正当な理由がある。長きにわたって試されてきたこの結び方はシンプルで効率的だ。左右のアイレットごとに一方の靴ひもの端ともう一方の端を交差させて下からアイレットを通して次のアイレットへと上部に進む。いたって簡単だ。

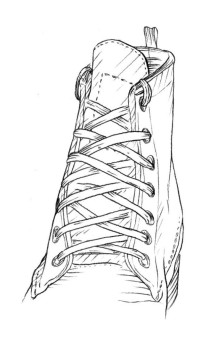

02
摩擦知らずの結び方

私のお気に入りは"オーバー・アンダー・レーシング"というバリエーションで、まずはアイレットの内側、次に外側からと交互に靴ひもを通して交差させる方法だ。この方法は、ブーツの表面と靴ひもの摩擦を減らしてくれる。その結果、きつくしたり緩めたい場合は、どちらかの交差している部分を引っ張ればいい。外側で交差している部分は特に指を入れやすい。

03
軍隊お墨付きの結び方

イギリス、オランダ、フランス、そしてブラジルをはじめとする数々の軍隊では、戦闘用のブーツを結ぶのに"アーミーレーシング"が好まれている。アイレットごとに靴ひもの端を内側から交差させ、外側からひとつ上のアイレットに通して反対側のアイレットに通す方法だ。内側で靴ひもが交差しているため、レザーが固定されず、硬い側面がより柔軟で扱いやすくなるのが特長だ。

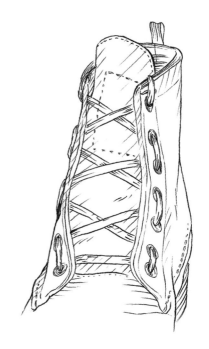

04
はしごの結び方

アメリカのパラシュート部隊は"ラダーレーシング"を採用している。理由は、しっかりとした、安定感のある結び方だから。アイレットが多いブーツにおすすめだ。靴ひもの端と同じ側のひとつ上のアイレットにひもを通して垂直にループを作る。反対側のひもの端をそのループに通して次のアイレットへと上に進んでいく。まっすぐなはしごのような見た目が印象的だ。

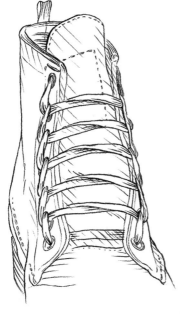

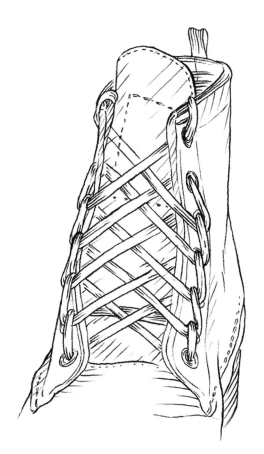

05
蜘蛛の糸のような結び方

　〈シャーロットの蜘蛛の巣〉ともいう"スパイダーウェブレーシング"は気弱な人のための結び方ではない。まずは一番下からひとつ上のアイレットにそれぞれの靴ひもを通し、通したひもと同じ側のひとつ下のアイレットに垂直にループを作る。そこから、ひもを交差して斜め上のアイレットに通す。上のアイレットに進む前にひとつ下のアイレットのループに通してから反対側のアイレットに通していく。黒いブーツと白い靴ひもによるコントラストが"スパイダーウェブレーシング"という名前にぴったりだ。当然ながら、この結び方は虫ではなく、人々の視線を集めること間違いない。

ヒントとアドバイス

01

だらしなく見えないよう交差する部分をそろえよう。必ず右ひもの上に左ひも、左ひもの上に右ひもがあるように、もしくは、それを交互に繰り返そう

02

左右対称の見た目を狙うなら、もう片足の交差の部分を逆にして通そう

03

やってしまいがちな"縦結び"や"引き解け結び"は、結び目が斜めになってしまうし、ほどけやすいので注意。きちんとした結び目はまっすぐでほどけることはない

04

靴ひもはきつく結ばれ、なにがあってもほどけないに越したことはない。ハイキング、乗馬、モーターバイクなどあらゆるシーンにも耐えられる、しっかりとした結び方を体得しよう

05

結び方が違えば、靴ひもの種類や結ぶのに必要な長さも変わってくるのを覚えておこう

MEN OF NOTE
ホットチップ

　MR PORTERいち押しの型破りなポップバンドのギタリスト兼キーボードプレーヤー、Mr オーウェン・クラークがiPodに入っている曲を教えてくれた。

「Hail Bop」
ジャンゴ・ジャンゴ

　「このバンドとはなにかと縁があるみたいで、よく会うんだ。アメリカ大使館で会ったり、なんどかフェスでも会ったことがあるし、いまは一緒にUKでのツアーをまわっているんだ。この曲では特にギターが好きだね。ブライアン・イーノがプロデュースしたような感じで、とてもエレクトロニックでどことなく不協和音が感じられるように仕上がっている」

「Behind the Mask」
イエロー・マジック・オーケストラ

　「このトラックはエリック・クラプトンやマイケル・ジャクソンもカバーしている。影のような雰囲気がある曲だね。YMOにはいつも魅了されてきた。彼らは録音に使用した全機材だけでなく、それを輸送するのにかかったコストまでレコードに記載しているんだ」

「It Takes a Muscle to Fall in Love」
スペクトラル・ディスプレイ

　「週4で聴きたくなる曲のひとつだ。寝起きと同時に聴かずにはいられないし、聴くのを止められないんだ。M.I.A.のバージョンがあるみたいだけど、そっちはエッジに欠ける印象を受けたよ」

「This Must Be the Place」
トーキング・ヘッズ

「学生時代に大好きだった曲のひとつ。そして、いまでも本当に大好きな曲だ。ツアーで留守にすることが多いミュージシャンなら誰だってこれを聴いて感動せずにはいられないと思うよ。美しく、幸せで、悲しげな曲なんだ」

「White Car in Germany」
アソシエイツ

「BBCの〈ラジオ6ミュージック〉という番組で初めて聴いたんだけど、どのアーティストがやっているかすぐに知りたくなった曲だ。一度頭に入ると、なかなか離れないんだ。当時、僕たちはドイツでプロモーション活動をしていたから、タイトルとリンクしてちょっとした偶然のようにも思えたんだ」

THE CLASSICS
ピーコート

　ピンと立てられた襟とピカピカのメタルボタン。航海を由来とするこのアイテムが、なぜ冬を暖かく過ごすのにぴったりなのか、その理由を探る。

　このように言い切るのは大胆すぎるかもしれないけど、まともなピーコートが似合わない男なんていないという主張は正しい。軍服をルーツに持ち、美しいカッティング、そして、バランスのとれたデザインのおかげでこのスタイルのコートは、何十年にもわたってワードローブの頼れるクラシックとして引き継がれてきた。そして、今後も存在し続ける名品だ。

映画『コンドル』(1975年)のMr ロバート・レッドフォードは、撮影中も終始シャープなピーコートに身を包んでいた

ピーコートという言葉が初めて書物に記録されたのは、1717年の『オックスフォード英語辞典』においてだ。ゆえに、こうしたウール製のダブルブレストのコートには長い歴史があると言っても間違いはないだろう。ピーコートの名前の由来には諸説ある。そのなかでもっとも信ぴょう性が高いと言われているのが、オランダ語の"pijjekker"（18世紀に労働者たちが着ていた粗野なウールの衣類を指す）に由来するという説と、船の操縦士や航海士の上着を表す、"ピージャケット"という古い軍隊用語から派生したという説だ。

フレンチスタイルを代表するMr セルジュ・ゲンスブール。60年代パリで撮影された。シャツとネクタイの上からブレザー代わりにピーコートを着ている

航海や海軍をルーツとする証として、ピーコートを"リーファージャケット"や"オフィサーコート"と呼ぶ場合もある。そもそも、ダブルブレスト、短い着丈、広く大きな襟が特徴的な現代のピーコートは、40年代にアメリカ海軍に支給されたものに由来する。それまで、ピーコートは1850年代からイギリスの船乗りたちが着ていた丈の長いウール製コートが代表的なモデルだった。ピーコートの特徴でもある等間隔に付けられた左右対のボタンの配置は船上で体の中心で引っ張るロープに引っかけにくくする仕様。また、暴風雨や寒さから身を守ってくれる高い襟からも、海の伝統を感じことができる。

　ボタンを上まで閉めた状態で着るのが一般的にかっこいいとされるダブルブレストのブレザーと異なり、ピーコートはその独特のフォルムのおかげでボタンを外した状態でもかっこよく着られる。それでもやはり、ピーコートのボタンを一番上まで閉めて着た姿には見ていて気持ちいいものがあるのではないだろうか。それは海軍のルーツにふさわしく、"洗練されたミリタリースタイル"と"姿勢のよさ"を連想させてくれるからだろう。コーディネートにおいて船乗りというテーマをさらに追求するなら、ブルターニュ風のボーダーのトップスと合わせるのもいい。気取ったドレスパーティーでもない限り、官帽はやめておこう。

　パリでは、ピーコートにボタンダウンシャツ、クルーネックのニット、スリムフィットのネイビーのジーンズ、スエード製のデザートブーツといったコーディネートはスタイリッシュな男の秋冬定番の服装だ。理由は説明するまでもない。ただ、このコーディネートを正しく着こなすためには、それぞれのアイテムが自分にフィットして、体のラインに沿っていることが重要。オーバーサイズのピーコートを着ると小人のように見えてしまうので注意しよう。大切なのはしわくちゃではなく軽快、ぶかぶかではなくすっきりとした見た目だ。Ms ルー・ドワイヨン風の女の子を乗せて、たばこ片手にバイクで走るのもパリジャンらしさを加えてくれるに違いない。

　ピーコートはスマートとカジュアルの中間にあるアイテムだが、一般的にはスーツと合わせたり、フォーマルな場所で着るのは控えたい。寒い日には細身のパンツ、シャツ、ニットタイと合わせてスーツのジャケットやブレザーの代わりに羽織るのにうってつけだ。おまけにTシャツ、ジーンズ、スニーカーを合わせれば簡単にカジュアルダウンできる。そして、どんなニットもピーコートとよく合う（ダブルブレストのカーディガンだけはやめておこう、過剰なダブルブレストは禁物だ）。同じように、ウールやコーデュロイのパンツ、チノパンと

のコーディネートもおすすめしたい。

映画『春風と百万紙幣』に登場するMr グレゴリー・ペック(1953年)

THE CRUSH
Ms メーガン・マークル

　人気テレビドラマ『スーツ』に登場するセクシーなスター女優は間違いなく私たちの視線を釘付けにした。ここではなにが彼女の視線を釘付けにするのかを訊いた。

　法律事務所を舞台にしたドラマ『スーツ』は、ファッションのアンテナを刺激しただけでなく、私たちの心を虜にした。ロサンゼルス生まれの女優、Ms メーガン・マークルはテレビドラマ『フリンジ』や『CSI:科学捜査班』、そして、映画『モンスター上司』に出演したことで有名かもしれない。だが、気難し屋でフェミニンな猫目のパラリーガルのレイチェル・ゼインは、私たちをドキドキさせたことは間違いない。残念ながら別の男性がその座を獲得しているので、あまり役に立たないかもしれないが、ここでは、男性に求める着こなしだけでなく、Ms マークルに気に入ってもらうためのヒントやコツを紹介しよう。

あなたが『スーツ』で演じるレイチェルは、主人公のひとりであるマイクからよく服装についてアドバイスを求められていますね。実生活でもそうですか?
　なにが男性に似合うかを見極めるのが女性は得意だと思うの。その男性が自分の大切な人だったら特にそう。それに男性なら相手のためにかっこよくありたいと思うわよね。

パートナーの服装に口出ししますか?
　彼はいつもイメージチェンジをしたがるの。正直に言うと、服装について、どうこう言うのはあまり得意ではないけれど、彼のために精一杯努力しているつもり。ボタンダウンシャツのようなシンプルなもの、それも清潔でセクシーな感じの服装が男性にはふさわしいと思う。

男性がワードローブに揃えておくべき5つのアイテムを教えてください。
　まずは美しいテーラードスーツは必須ね。後は完璧な白いボタンダウンシャツ。ジーンズやスラックスのようなシンプルなアイテムと合わせたら、いつでもすごく素敵に見えると思うわ。彼はベーシックな黒いクルーネックのTシャツをよく着るの。とてもシンプルなんだけど、すごくセクシーになるわ。きっと誰だってそうだと思うけど、バカンスで訪れたビーチを素足で歩く様子を連想できちゃうリネンのシャツを着た男性も好き。そして、もちろんジーンズも外せない。デッキシューズを履いた男性も見るたびに好感を持てるから、これも追加ね。

理想のデートをはじまりから終わりまで教えてください。
　理想のデートにはたくさんの要素があると思うけれど、一番大切なのは一緒にいて楽しいかどうかだと思うの。それは贅沢とかじゃなくて、一緒に過ごすすべての瞬間を楽しむことだと思う。これまでに最高のレストランに連れて行ってもらったりしたけど、あまりに食事が長いので帰る頃にはまたお腹が空いてしまって、帰り道に2人でちょっと寄ったお店でピザひと切れとお酒を軽く飲んだのが一番楽しかった、なんてこともあったわ。なにごとにも柔軟に対処できて、すべての瞬間を楽しむのが大切。その人があなたを笑わせてくれるような人なら、もっといいわね。

レイチェル・ゼイン役で一番好きなところはなんですか？
　レイチェルというキャラクターはすごくよく描かれている。レイチェルは強くて、おもしろくて、ちょっと生意気なところがあるけれど、私は大好き。なにかを手に入れようといつも必死なところも共感できる。彼女の野心は魅力的で、演じるのは楽しい。恋愛対象として見られる役も演じていて楽しいけれど、キャリアにおいて大きな転換期を迎えている女性としてのレイチェルが好き。

ハーヴィーとマイク、どっちがおしゃれだと思いますか？
　難しい質問ね。ハーヴィーはいつも素敵なテーラードスーツを完璧に着こなしているし、それがとても似合っている。それに対してマイクのいいところは、同じようにきれいなテーラードスーツを着ても、完璧にはならないちょっとしたエッジがあるところ。不完全なものにはすごくセクシーな魅力があると思うの。

どんなスーツが好きですか？
　どんなスタイルであっても、スーツを着た男性はみんな素敵だと思う。でも、以前にドラマのセットで男性陣がタキシードを着ていたことがあったの。思わず二度見して「素敵！なんてセクシーなの」って思ってしまったほどみんな似合っていた。普段と違うドレスアップした姿を目の当たりにすると、ドキッとしてしまうものよね。

女性を喜ばせるにはどんな贈り物がいいですか？
　私にとって一番の贈り物は、中身よりもそこに込められた気持ちなの。高価な贈り物をもらったこともあるけれど、一番大切なのは思いやりに溢れた、"ちょっとした優しい心遣い"だと思う。それと、ランジェリーはいつももらっても嬉しいアイテムのひとつね。ランジェリーは"ちょっとした優しい心遣い"に含めていいわよね。

あなたに気に入ってもらう一番の方法はなんですか？
　簡単に聞こえるかもしれないけれど、なによりもまず親切であること。話しかける人全員に親切に接している男性を見ると、いい人なんだなっていつも思うの。これって世界で一番魅力的なことよ。そこからその人をもっと知って、その人の個性だったりユーモアだったり熱意に触れていくんだけど、一番大事なのは親切であること。それと、ありのままの自分を受け入れている人はとても魅力的だと思うわ。

Ms マークルはロサンゼルス出身ですが、ニューヨークで仕事をしていますね。どっちの男性がおしゃれだと思いますか？
　カリフォルニアの人たちにまず謝っておくわ。ニューヨークから戻ってきたばかりだから言えるけれど、あの街のスタイルの感覚には、ただただ圧倒されるし、すごくクールだと思う。ニューヨークの人の着こなしにはいつもインスパイアされる。ロサンゼルスのビーチサンダル文化は好きだし、心ではカリフォルニアガールなんだけど、シャープに着飾った男性と並んでおしゃれしてニューヨークを歩くのは最高の気分よ。

注釈：現在はヘンリー王子と結婚してメーガン妃となった彼女ですが、2011〜2013年の間はトレバー・エンゲルソンという映画プロデューサーと結婚していました。ここでのパートナーはエンゲルソン氏を指しています。

THE REPORT
ロック・オブ・エイジズ

　歴史上もっともアイコニックなギターとそのギターを有名にした男たちをクローズアップする。

　これは世界でもっとも優れたギタリスト（偶然にもここで言及されている多くはそうなのだが）の一覧でもなければ、世界最高のギターの手引きでもない。むしろ、運のよさや自らの選択によってギターと同じくらい有名になったミュージシャンたちをより深く理解し、敬意を表するものだ。

Mr B.B.キングのGibson ES-335 "ルシール"

「ルシールは本物だ。ルシールを弾くと彼女の言葉や叫びが聞こえてくる」と、Mr B.B.キングは1968年のアルバム『ルシール』のライナーノーツに記した。ブルースミュージシャンとギターの恋は、1949年に炎に包まれたクラブに駆け込んでギブソン製のアーチトップギターを救おうとした頃からはじまった。ルシールという女性を巡って争っていた2人の男性が火事の原因だと知ったとき、Mr キングはこんな馬鹿な真似をしないようにと自身のギター（およびその後のギターすべて）に彼女の名前をつけたのだった。馬鹿な真似というのが燃えている建物に駆け込むことなのか、女を巡って喧嘩をすることなのかは謎のままだ。いまでもGibson ES-335ルシールは入手できる。このギター独特の音色はギター構造の副産物でもあるのだ。50年代製のホロウボディのギターとは異なり、ES-335は中央に木材のブロックがはめ込まれているおかげで、ホロウボディらしいダークな音質とレスポールならではのボリュームとコントロールを兼ね揃えている。

Mr キング（1969年）

Mr ロリー・ギャラガーの1961年製 Fenderストラトキャスター

　1954年の誕生以来、数え切れないほどの伝説がある"ストラト"が登場した。このギターが生み出す多彩な音色はレコーディングを土台から支えていると言えよう。Mr スティーヴィー・レイ・ヴォーンの塗装が剥げた1963年製サンバーストからMr エリック・クラプトンの"ブラッキー"にいたるまで、使い込まれてぼろぼろになったストラトはギタリストを魅了して止まず、へこみや傷が多ければ多いほど、持ち主が優れた弾き手である証拠だと言われるようになった。だが、Mr ロリー・ギャラガーの悪名高きギターほど弾き込まれたボロボロのギターは存在しない。そのギターは長年の血や汗、ひび、破壊を耐え抜いてきたのだ。Mr B.B.キングはいくつものルシールを所有していた

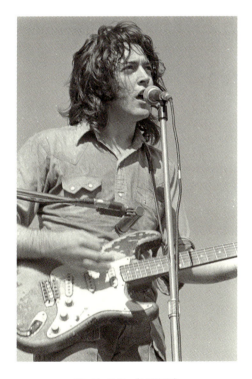

Mr ギャラガー（1979年）

が、Mr ギャラガーは写真にある通り1本のストラトを使い続けた。

　どんな塗装でもギタリストの汗にはかなわない。損傷と湿気によってネックが曲がってギターはリタイアせざるを得なくなる。世界最高のギタリストと呼ばれるのはどんな気分か、と訊かれたMr ジミ・ヘンドリクスは「ロリー・ギャラガーに訊いてみな」と答えたそうだ。

Mr ブライアン・メイの"レッドスペシャル"

　Mr ブライアン・メイが自らの手で作り上げたこのギターの起源について、これまで数多くの音楽メディアが取り上げてきた。それでも、この物語は繰り返し記すほどの価値がある。ミュージシャンとして駆け出しの頃、新しいギターを買う金がなかったMr メイは、父親と2人でいっそのこと作ってしまおうと考えた。その結果、唯一無二の楽器が生まれた。ボディとネックには200年前の暖炉、そのしるしとして虫に食われた穴がいくつも見受けられるオーク材を使い、Rustin'sの家具のツヤ出しに使うプラスチックコーティングをふ

Mr メイ（1978年）

んだんに塗ってギターに独特の赤い色味を与えた。そして、これだけの創意工夫にとどまらず、トレモロ機能はナイフ、バイクのバルブスプリング2つと編み針の先端でできている。"レッドスペシャル"は、40年の使用を経てすぐに修理が必要な状態だったのも無理はない。オーストラリアの弦楽器職人、Mr グレッグ・フライヤーの元に送られると、Mr フライヤーはこの楽器を復元すると同時にレプリカを3本作った。そのうちの2本は、いまでもMr メイが使用している。

Mr ブルース・スプリングスティーンの
Fenderエスクワイヤー／テレキャスター

Mr ブルース・スプリングスティーン（1984年）

Mr スプリングスティーンの3枚目のアルバム『明日なき暴走』のジャケットにある、なにげなく肩にかけられたFenderエスクワイヤーがどれほど堂々と美しいことか。アメリカ、ニュージャージー州生まれのロックシンガーは、Fender初のエレキギターを使いこなした偉大なギタリストとして認められていないようだが(Mr スプリングスティーンはその座をMr ジェフ・ベックに譲っている)、エスクワイヤーは、ブルージーンズとノースリーブシャツに代表されるMr スプリングスティーンの働く男のイメージとともに定着した。Mr スプリングスティーンの言葉を借りるなら、彼のモデルは、初期のテレキャスターのボディとエスクワイヤーのネックを合体させた"私生児"なのだ。ペグとピックガードは変わったものの、主だった部分は1953年から1957年にかけて作られたモデルそのままだ。70年代初頭に地元の弦楽器職人から手に入れたMr スプリングスティーンの忠実な相棒は、現在はオハイオ州の〈ロックの殿堂〉で隠居生活を満喫している。

Mr エディ・ヴァン・ヘイレンの"フランケンストラト"

　Mr ヴァン・ヘイレンの名を冠したデビュー作『炎の導火線(原題：Van Halen)』が発表された1978年。それまで誰も見たり聴いたりしたことがなかった"タッピング奏法"として知られるようになったプレーは、ギターソロに独特のサウンドをもたらした。Mr ヴァン・ヘイレンお気に入りのギターは彼の要望を反映し、Fenderの交換用パーツを製造していたBoogie Bodiesが支給したボディとネックに、Mr ヴァン・ヘイレン自らがGibsonのピックアップを配線、ストラトキャスターのトレモロアームと合わせた奇抜なスタイルだ。こうしてハイブリッドなフランケンストラトが完成したのだ。摩耗や失敗を経て、このモデルは修正を重ねたが、そこにはオランダ生まれのギタリストが自分を真似しようとした人を誤った方向に導くのが大好きだったという理由もある。多くのレプリカが作られたが、ほとんどがMr ヴァン・ヘイレンの許可なしに製作された。たばこの焦げ跡や独特のストライプ塗装を再現した公認のトリビュートモデルは、いまでも入手可能だが、値札を見て驚かないように。

Mr ヴァン・ヘイレン(1979年)

Mr ピーター・グリーンの1959年製レスポール

　わずかの間だが、Mr ジョン・メイオールと同じバンドで演奏した後（1966年にMr エリック・クラプトンの後任としてブルースブレイカーズに加入）、Mr グリーンはフリートウッド・マックを結成した。その時代にMr グリーンが使用していたメインギターが1959年製のレスポールだ。このギターは40年以上にもわたって議論の的であり続けた。Mr グリーンは、ほかのギターとまるで違うあの音色をどのようにして手に入れたのだろう？ 工場での修理の際に間違って配線されたとか、トーンポットが交換されたとか、ピックアップが反対に取り付けられたとか、数々の憶測が飛んだ。真実が明るみになったのは、Mr グリーンがそのギターをMr ゲイリー・ムーアに売ってからのこと。Mr ムーアはギターを分解した結果、そのような配線はないと知った。ただ、ピックアップのひとつの極性（ポラリティ）が逆だった。要するに、製造の時点で欠陥品だったかもしれないのだ。このように珍しいギターが唯一無二のギタリストのものになる確率のみならず、2006年に120万ドル（およそ1億3千万円）で売却されたという事実にも驚かされる。

Mr グリーン（70年代後半）

Mr ジ・エッジの1976年製Gibsonエクスプローラー

　現代のスタジアムロックがあるのは、このギタリストと彼のユニークなアプローチのおかげだ。Mr ジ・エッジのプレイスタイルとサウンドは何世代にもわたってギタリストに影響を与え続け、いまではエクスプローラーを肩にかけることによって本人までもがセルフパロディだと思わせてしまうほどだ。70年代のメタルバンドやグラムロックバンドに愛されたエクスプローラーの突飛な外見は、アメリカ、ミシガン州カラマズーの職人によって作られた、というよりは、宇宙から光線のように降り注いだかのようだ。当時17歳だったU2のギタリストはニューヨークの楽器店でエクスプローラーを購入し、熟考を重ねたあげく、メンバーとともにその楽器でデビューを果たした。型破りな外見ゆえに最初はからかわれたが、現在ではエクスプローラーは、バンドと同じくらい有名になった。ニューヨークの〈ラジオシティミュージックホール〉でヘッドが折れても生き延びてきたが（1984年に行われたライブ中、ファンの間で喧嘩が勃発。ボーカルのMr ボノとMr ジ・エッジが止めに入った際にギターを落としてヘッドが折れた）、エクスプローラーはチャリティーオークションにかけられたそうだ。だが、それがオリジナルモデルであるかは不明である。

Mr ジ・エッジ（1979年）

Mr アンガス・ヤングのGibson SG

　SGはレスポールモデルのひとつとしてギブソンによってデザインされたギターだ。こう考えると、初期モデルのヘッド部分にレスポールのロゴが入っているのも納得できる。しかし、SGはMr レスポールの好みに合わず、彼は今後生産するモデルから名前を外すようにと指示したのだった。レスポールよりもずっと軽く、細くて薄いネックのおかげで高音のフレットでプレーしやすいこのギターは、時代のずっと先を行っていたのだ。小さな手のMr アンガス・ヤングにとってこのスリムなネックは魅力的だった。初めて使用したSG（1967年製と言われている）は、汗の浸入によってネックを交換しなければいけないほどダメージを受けた。Mr ヤングのステージ上での動きを見れば、それもそのはず。ステージを全速力で駆けたり、ドラムステージから飛び降りたり、発作に襲われるふりをして床の上で転げ回ったり（ギターソロでつまずいたのを隠すために行ったのがはじまりと言われている）終始動いているMr ヤングは、ギター片手にいつも汗だくだった。

Mr ヤング（1980年）

Mr ウィリー・ネルソンのMartin N-20 "トリガー"

　Mr ウィリー・ネルソンは1969年に入手したギターを、カウボーイ俳優のMr ロイ・ロジャースの馬の名から拝借して"トリガー"と名付けた。それ以来、78歳のミュージシャンがトリガーなしでステージに上がることはない。スチール弦の代わりにナイロン弦を用いたこのギターは、Mr ネルソンの激しいフラットピッキング奏法にもかかわらず、やわらかでメロウな音色を奏でる。このギターには、いまは亡きMr ジョニー・キャッシュやMr ウェイロン・ジェニングスをはじめとする100以上ものミュージシャンのシグネチャーモデルが存在する。おまけに、Mr ネルソンのピッキングによってギターには穴が空いている。1990年にアメリカ合衆国内国歳入庁(IRS)は、Mr ネルソンが3千200万ドル（およそ36億円）という天文学的な金額の税金を収めていないと摘発し、所有品の多くがオークションにかけられた。なかでも、かつて自宅の火災から救ったトリガーを失うのを一番恐れたMr ネルソンは「トリガーを失ったら、辞める」とまで宣言。幸いにも、マネージャーの家にトリガーを隠し、最高金額を提示した入札者に売却するという楽しみをIRSから奪ったのだった。

Mr ネルソン（2009年）

Sir ポール・マッカートニーのHöfnerバイオリンベース

　作曲のみならず、ポップカルチャーすべてに多大な影響を与えたSir ポール・マッカートニーの功績を一覧に記すのは不可能だ。Sir ポールが初めてHöfner 500/1、後に"バイオリンベース"として知られるこのベースギターを購入したのが1961年のこと。当時欲しかったFenderが買えなかったSir ポールは、左利きの自分が演奏してもさほど変に見えないだろうという理由から左右対称のHöfnerを購入した。Höfnerは小さなメーカーだったので、ビートルズが一世を風靡すると大喜びして1963年に〈ロイヤル・バラエティ・パフォーマンス(毎年英国王室を迎えて開催されるエリザベス女王後援の音楽芸術基金のためのチャリティーコンサート)〉で演奏するために2本目のHöfnerを贈呈した。まさにこのベースギターはSir ポールとキャリアをともにしてきたのだ(最初のモデルは盗まれた)。70年代から80年代初頭にかけてはあまり使用されなかったものの、1989年にリリースされた『Flowers in the Dirt』のレコーディングで再び使用するようMr エルヴィス・コステロに説得され、隠居生活から引っ張り出してきたそうだ。

Sir ポール(1963年)

MEN OF NOTE
ミステリージェッツ

インディーズバンドのリードシンガー、Mr ブレイン・ハリソンが不動のお気に入りトラックを紹介してくれた。

「What a Fool Believes」
ドゥービー・ブラザース

「ドゥービー・ブラザーズは僕たちのアルバム『Radlands』に大きな影響を与えたんだ。この曲は、まさにカントリーとディスコミュージックの衝突だね。テキサスに住んでいた頃はコカイン中毒者が演奏しているような70年代のカントリーミュージックやタクシー運転手がかける曲ばかり聴いていたよ」

「Birds」
ニール・ヤング

「ニール・ヤングを聴くようになったのは、ずっと後になってからだった。それまでは、彼の曲でもボン・ジョヴィみたいなスタジアムロック風の曲しか聴いたことがなかった。『Birds』を聴くと、いつも泣きたくなる。気が付かないかもしれないけど、コーラスのある小節で1音飛ばしているところがあるんd。それが無意識に緊張感を生み出している」

「I Drink」
メアリー・ゴーティエ

「この曲を聴くと、なぜかマリアンヌ・フェイスフルを思い出す。彼女の声が壊れたものを連想させるからかもしれない。ペダルスティールギターの演奏もいいね。僕のバンドにもペダルスティールギター奏者がいて、ツアーにも同行している。こうした淡いトーンがすべてを輝かせているね」

「Follow Baby」
ピース

「ピースはイギリスのバーミンガム出身なんだけど、僕たちのツアーにもサポートとして参加してくれた。90年代に流行したダンスミュージック寄りの昔のバンドみたいで、信じられないほど若くて才能に溢れている。この曲にはハッピー・マンデーズとサウンドガーデン両方の要素があるね」

「I Found You」
アラバマ・シェイクス

「アラバマ・シェイクスの演奏を観たことがあるけど、あれはすごかった。デヴィッド・ゲッタもどきや『Xファクター』(イギリスで人気の音楽オーディション番組)の下手くそな出演者が音楽チャートを独占していないパラレルワールドでは、大ヒット間違いなしの曲がいくつもあるよ」

THE CLASSICS
ツイードジャケット

　カントリーサイドを彷彿とさせるこのアイテムはいくつもの改良を重ね、いまでは都会のデートからトラクターでの農作業にいたるまで、どんなシーンでもかっこよく見せてくれるアイテムとして定着した。

　カジュアルという現代のドレスコードの性質を考えると、男性服は汎用性がなければいけない。そして、ツイードジャケットほど汎用と呼ぶにふさわしいアイテムはあまりない。ツイードジャケットはMR PORTERが選ぶ秋のマストアイテムのひとつであるだけでなく、すべての男性が持つべき20のアイテムのひとつだ。クライアントとミーティングがあるからドレスアップしないといけない？ ツイードジャケットにシャツとネクタイ、グレーのウールパンツに茶色のスエード靴を合わせよう。デートの予定？ ツイードジャケットに白いTシャツ、スリムジーンズ、デザートブーツはどうだろう。田舎を散策したい？ ツイードジャケットにフランネルシャツ、コーデュロイのパンツとウェリントンブーツでどうだ。まさにランドローバーのように、しっかりとしたツイードジャケットがあれば、どこへでも行ける。そして、ランドローバーと同じように、ツイードジャケットはクラシックなブリティッシュデザインの賜物なのだ。
　それでも現代にふさわしい着こなしとしては、アメリカのアイビールックがよいだろう。このコーディネートを完成させるには、スリムなチノパン、オックスフォードかシャンブレーのボタンダウンシャツ、そして、茶色のローファーかデザートブーツが欠かせない。

20年代頃に撮影されたニューヨークでのウィンザー公爵

　かつてのプリンス・オブ・ウェールズことウィンザー公爵は、ツイードの起源はスポーツであることを思い出させてくれる。20年代当時、このアイテムはあまりにカジュアルなので、ゴルフコースや競馬場でしかふさわしくないと誰もが思っていた。そのようななか、ウィンザー公爵はかくもカジュアルな服装でニューヨークを訪れ、物議を醸した。閉じて着るための2つボタンジャケットとやわらかな肩周り。写真に写る公爵の服に対する繊細かつ独特な嗜好に注目してほしい。

映画『気狂いピエロ』のMr ジャン=ポール・ベルモンドとMs アンナ・カリーナ（1965年）

　Mr ジャン=リュック・ゴダールによるフランスのヌーヴェルヴァーグ映画に登場するMr ジャン=ポール・ベルモンドほどクールにツイードジャケットを着こなした男はいない。Mr ベルモンドのジャケットのカッティングは、いまではだいぶゆったりとしているように見えるが、それよりも魅力的なのはMr ベルモンドがジャケットを羽織るその無頓着さだ。いつも美人を連れているのもツイードジャケットがかっこいい証拠になるのではないだろうか。

Mr サミー・フレーとMs ブリジット・バルドー(1962年パリ)

　1964年のヌーヴェルヴァーグ作品『はなればなれに』に出演している有名なフランスの俳優Mr サミー・フレーが演じた役を観ると、ツイードジャケットは、着る人に完璧な洗練さという空気感を与えてくれることがわかる。さらには、世界でもっとも美しい女性と並んでパリを闊歩できることを証明してくれた。Mr フレーのツイードジャケットを羽織ったスマートな着こなしはディナーに行くときの参考にしたい。

THE REPORT
10アイコニックスーパーカーズ

自動車におけるクラフツマンシップへの賛辞として伝説の名車をセレクトした。

PORSCHE
911ターボ

Porsche911無くしてスーパーカーの一覧は完成しない。Mr フェルディナント・アレクサンダー・ポルシェが設計し、1963年にドイツで披露された、ほかの自動車と一線を画すデザインとリアエンジンが特徴的なこのマシンは、何年にもわたって完璧な曲線美に改良が加えられたが、その本質は変わっていない。1974年にPorscheが初のターボチャージャーを発表したことによって911ターボの伝説的な地位は不動のものとなった。たくましいスタイル、巨大なリアスポイラー、そして、スリリングなハンドルさばきによって911ターボは正真正銘の名車となった。

BUGATTI
ヴェイロン16.4

　物理学の法則に挑戦状を叩きつけるようなエンジニアリング実験。2005年にデビューを果したBugattiのヴェイロンは、21世紀の技術が生み出した奇跡である。ヴェイロンは時速約400キロ以上を記録し、発進から2.5秒で時速約100キロに達する。おまけに8リットルの排気量を誇る16気筒エンジンと4基のターボチャージャーが最大出力1001馬力を実現。だからと言って誰からも愛されているわけではない。McLarenのF1デザイナーであるMrゴードン・マレーはヴェイロンを「地球上でもっとも無意味な試み」と呼んだ。だが、もし神様がスーパーカーを所有するなら、間違いなくこのBugattiヴェイロンを選ぶだろう。安息日の日曜しか運転しないなんてこともあるまい。

FERRARI
F40

　モータージャーナリスト、そして、テレビ番組司会者として有名なMr ジェレミー・クラークソン曰く、FerrariF40はただのスーパーカーではない。FerrariF40こそがスーパーカーなのだ。Ferrari創業40周年を祝してイタリアの職人たちがたった12カ月で仕上げた25歳のマシン（1987年に製作）に

とって、これほどの褒め言葉はない。軽量化のためにF40は極限まで要素を削ぎ落とし、ステレオ、パワーウィンドウ、ドアハンドルなどがないレーシングカーさながらの乗り心地とドライビングを実現した。Ferrariの意図はここにあったのだ。F40は時速約320キロを超える世界初の公道仕様車となった。

McLAREN
F1

1988年にMcLarenは、世界が目にしたことがないような偉大なロードカーのデザインに着手した。4年後に、スーパーカーの製作者としてMcLarenはこのF1が極めて珍しい車であることを認めた。製造コストに糸目を付けな

かった（金箔で覆われたエンジンルームですが、なにか？）結果、かつてない短期間で製造され、カーボンファイバーによる初のモノコック構造、しかも中央に運転席という独特の配置を採用した車となった。1998年に打ち出された時速約380キロという最高速度を見れば、McLaren F1がどれほど速かったかがわかる。いまでも自然吸気エンジンを搭載した世界最速車の座を維持している。

MERCEDES-BENZ
300SL

　真のスーパーカーである300SLは、それを象徴するものゆえにこのトップ10にふさわしい。ほぼ確実に時速約320キロ台を叩き出すスーパーカーの一覧において300SLが当時最速の市販車だったことは、それほど意味を持たないだろう……。それでも1954年に時速約250キロという数値がどれほどのスピードだったかを想像してもらえれば、これは比類なき功績と呼べる。いまはもう動かなくても、まったく気にならないようなタイムレスな美しいデザインの前ではスピードなどは取るに足らないことなのだ。300SL最大の魅力は、自動車の世界で決して忘れられることがないシルエットのひとつであるガルウィングドアである。

LAMBORGHINI
ミウラ

　会社のオーナー(当時はトラクターの製造も行っていた)だったMr フェルッチオ・ランボルギーニの賛同を得ず1966年に少数の若手エンジニアによって製作された。結果、自動車デザインを再定義する、エンジンを車体中心付近に配置したアートワークのようなミッドシップ車が誕生した。まつ毛のような黒いヘッドライトや全開にすると雄牛の角(モデル名はスペインの闘牛と産地からくる)を連想させるドア、そして、Ms ラクエル・ウェルチのようにエレガントで魅力的な後ろ姿を備えたミウラは、4輪の上にまたがり、V12エンジンを搭載した女性なのだ。

FERRARI
250 GTO

　GT選手権で闘える車として1962年に製作された250 GTOには、250 GTO SWBのシャーシとテスタロッサの3リットルV12エンジンが用いられた。そして、Ferrariは木製フレーム、数枚のアルミニウムのシート、ハンマーをデザイナーのMr セルジオ・スカリエッティにわたし、すべてを委ねた。その結果、39台しか生産されなかった250 GTOはどれも画一的な車ではない。Ferrari愛好家たちが完璧だと愛でる理由はまさにこの点にある。レーシン

グカーとして由緒正しい血統を備えた250 GTOは、現在2000万ポンド（およそ30億円）で売買されている。これほど見事な自動車であることを考えると、お買い得と言えるかもしれない。

PAGANI
ゾンダ

　誰もMr オラチオ・パガーニが狭猾すぎると責めてはいないだろう。元LamborghiniのエンジニアであったMr パガーニがカーボンファイバー製のスーパーカーを生産する会社を立ち上げたとき、目標としたのは"シルバー・アロー"と呼ばれたザウバー・メルセデスから着想を得て、芸術と自動車産

業の科学の粋を完璧に融合した自動車を作ることだった。1999年に誕生したこのモデルは、どんな4輪車にも負けない、唯一無二の炎を噴出する翼なき戦闘機だった。攻撃的で堂々としていて、同時にインスピレーションに溢れているこの斬新なゾンダには、見る人を驚きであっと言わせ、頭を真っ白にさせてしまうほどのパワーがある。

FORD
GT40

　60年代初頭、Mr ヘンリー・フォード2世には夢があった。その夢とは、自社の車がル・マンの24時間耐久レースに参戦すること。そして、Mr フォードはその地に赴いた。初めはFerrariの買収を試みたが失敗。次にLotusと交渉し、最終的にはローラ・カーズのMr エリック・ブロードレイをデザイナーとして迎え入れた。その結果、1964年に見事なGT40が披露された。40という数字は、車の全高が40インチ（およそ100センチメートル）だったことに由来している。V8エンジンを搭載したこの夢のマシンは、Fordをル・マンへと導いただけでなく、1966年から1969年にかけて4連覇をもたらし、ル・マンでのFerrari支配に終止符を打った。GT40はそのエンブレムのおかげで人々のスーパーカーとして親しまれるようになり、あまりの人気ゆえにFordは2005年に再びGT40を少し車高を上げて、Ford GTとしてよみがえらせたのだった。

LAMBORGHINI
カウンタック

　ある年代の少年たちの誰もが1974年製 Lamborghiniカウンタックのポスターをベッドルームの壁に飾っていた。だが、彼らにとってこれほど見事なイタリア製の美しい自動車が実在していたかどうかなんてどうでもよかった。大事なのは、衝撃的なシザードアとMr マルチェロ・ガンディーニがデザインした風を切って走るV字のフォルムだった。それに加えてモデル名のカウンタックを正確に表現する英語がないのも事実だ。カウンタックとは、ゴージャスな女性を見たときに思わず口をついて出るイタリアの方言なのだ。もし、イギリスでカウンタックが生産されていたら、「Lamborghini Crikey」なんて命名されていたかもしれない（"crikey"は英語で驚きを表す）。

THE CLASSICS
ライダースジャケット

　荒々しくて反抗的（グルルー！）なライダースジャケットはワードローブの必需品として愛され続けてきた。

　レザー製のライダースジャケットには不思議な力がある、と思ったことはないだろうか。羽織ったとたん、あなたはロックスターやバイク乗りでなくとも、堂々とした態度とともに普段より反抗的で生き生きとした別の自分に変身してしまう。モーターバイクに接するのはオンラインで買った商品をドライバーから受け取るときくらい、というあなたも心配しないでほしい。ライダースジャケットほど男らしく、簡単にスタイリッシュになれるアイテムをワードローブに加えない理由はない。

　ライダースジャケットは19世紀後半から20世紀初頭にかけて自動車のドライバーや飛行機のパイロットが着ていたレザージャケットが進化したものだ。こうしたジャケットは、ほこり、油汚れ、そして、天候（操縦席がむき出しだった時代には欠かせない要素だ）のみならず、事故のダメージをある程度は軽減してくれるものだった。モーターバイクの登場とともに、バイク乗りのためにも同じような特徴を備えたジャケットが必要になった。その際、ドライビングコートよりも丈が短く、レザー製のフライトジャケットよりも運転しやすいことが必要条件だった。

1968年にニューヨークで撮影されたMr アンディ・ウォーホル。ライダースジャケットのファンだったMr ウォーホルは、ダブルブレストのブレザーの上にライダースジャケットという独自の着こなしをしている

ライダースジャケット特有のダブルブレストとジッパー式のスタイル（50年代にMr マーロン・ブランドによって有名になった〈パーフェクト〉シリーズに代表される）は、ニューヨークのSchott社が開発したものだ。1928年にショット兄弟が、このアイコニックなジャケットを誰よりも先に開発して以来、デザインはほとんど変わっていない。体に心地よくフィットする感覚、スナップボタンで固定された大きな折り襟、斜めのジッパーを備えた〈パーフェクト〉は早々にライダースジャケットのデザインの基本形となった。

映画『乱暴者(あばれもの)』（1953年）のセットで撮影されたMr マーロン・ブランド。ライダースジャケットを現在のアイコニックなアイテムへと昇華させたのはMr ブランドによるところが大きい

当初は実用的なものとして誕生したライダースジャケットは、かっこいいスタイルを実現してくれるアイテムとして瞬く間に人気を博した。理由は、ライダースジャケットの美しいカッティングだけではない。50年代には反抗的なティーンエイジャーたちがこぞって映画スターのMr マーロン・ブランドやMr ジェームズ・ディーンのスタイルや態度を真似てライダースジャケットを着た。その結果、こうしたジャケットを禁止する学校があったほどだ。以来、不良少年、ロッカー、パンクたちがライダースジャケットが表現する反抗心や冒険心に魅了されサブカルチャーシーンにおいて愛用してきた。

ロンドンで撮影されたセックス・ピストルズのMr シド・ヴィシャスはライダースジャケットの反抗的な態度を自然に体現している（1978年）

20世紀半ばから、バイク乗りのギャングたちはジャケットの背中にピンやパッチを貼ったり、お気に入りの絵やシンボルを描いて自分だけのジャケットにカスタマイズしていた。70年代から80年代になるとパンクロッカーたちもこれにならい、ジャケットをわざとボロボロにしたり、安全ピンや金属製スタッズで飾った。ライダースジャケットを必ずしもカスタマイズする必要はないが、よりかっこよく着るには、ぜひとも着込んでほしい。ライダースジャケットは、ボロボロで着る人の個性を表現するようになったくらいが一番かっこいいのだから。

　ライダースジャケットを着こなす簡単でタイムレスな方法はジーンズ、Tシャツとレザーブーツを合わせること。このコーディネートは破れたTシャツとタイトなブラックジーンズと合わせてロックらしさを演出したり、白いクルーネックのトップスにクラシックなセルヴィッジテニムと合わせて落ち着いたスタイルにすることもできる。また、ライダースジャケットを着る上で一番大切なのは、まるで気にしていない風に着ることだ。入念なコーディネートの結果ではなく、さらりと羽織ったかのように着たい。前の晩にパッド入りの布ハンガーにかけてクローゼットにしまうというよりは、ガールフレンドのベッドルームの床に放っておいたという具合で着るのがよい。

　ライダースジャケットは、もともと冒険心と反抗心に満ちたカジュアルなアイテムなのだ。だからこそ、シャツとネクタイの上に羽織ってもおもしろいコントラストを生み、スタイルに緊張感が出る。同じように、テーラードジャケットやスラックス（同時に両方はいけない）と合わせてエッジの効いた現代的なスタイルを演出してみるのもいい。ライダースジャケットのデザインにはアメリカの歴史や伝統が息づいているので、チェック柄のアイテムともよく合うはずだ。

あとがき

　「MR PORTER」はメディアとオンラインショップを融合した初めての世界規模の男性向けのサイト。ファッションからスキンケア、アクセサリー、時計など500近くのブランドをオンラインショップで販売するほか、モノ、コト、ヒトを、自らの制作チームが記事化し、MR PORTERの世界観を提示している。

　日本を拠点にアジア4都市を含め約160の実店舗とオンラインサイトを運営するBEAMSとMR PORTERとの付き合いは、現在の社長トビー・ベイトマン氏が2011年に《BEAMS PLUS》の取り扱いを始めた頃。その後、両社はブランドと小売店という関係を越えて、共同で様々なプロジェクトで手掛けていく。2016年にはMR PORTERとBEAMSが6つの日本ブランドとトリプルコラボで制作したリミテッド・カプセルコレクションをロンドン・メンズコレクションに正式出展し共同で発表した。これらの取り組みは世界の有力メディアで紹介され、世界中のファッション業界でBEAMSの認知度が高まることとなった。彼らとの仕事は私たちに次のステップを見せてくれるし、つねに刺激的だ。

　このように、BEAMSはMR PORTERを通じて世界に出る大きなチャンスを得、MR PORTERはBEAMSを通じて日本ブランドを揃え、競合サイトとの差別化を図っている。今日まで互いが成長してもトビー氏との気兼ねのない関係は変わらず、この良好な関係は、両社のバイヤー陣やPR陣をも巻き込んで、その絆はさらに強くなっている。そんな折りに舞い込んできたのが、書籍『MR PORTER PAPER BACK』(Thames & Hudson)の日本語版の監修の依頼である。「うちがやらなきゃどこがやる！」と快諾したのは改めていうまでもないだろう。

　本書は、編集長ジェレミー・ラングミード氏がMR PORTERウェブサイト

の立ち上げから記事にしたコンテンツを再編集したもので、記事のテーマにはMR PORTERの価値観とエッセンス、そしてイギリス人らしいブラックユーモアがふんだんに盛り込まれている。たとえば建築や車などのモノ、ジャズの聴き方や髪型指南などのコト、デヴィッド・ホックニーやメーガン・マークルといったヒトなど、オンラインショップでの物販ではカバーしきれないジャンルを高品質なコラムやインタビュー記事でフォローし、コンパイルしたMR PORTERの世界観が明確に伝わる内容だ。時代や国を越えて選ばれたスタイルアイコンの着こなし紹介など、世界中のコンテンポラリーな男性が自身のスタイルを作るうえで参考になるばかりか、義理の父との付き合い方や野外フェスでの振る舞い方に触れたコラムからは、装いだけでなくスマートな言動も含めた「生き方」こそが現代版のジェントルマンの「スタイル」なのだということが垣間見れる。

　ハッピーを届けることを社訓とするBEAMSが監修する本で、日本語訳を整えるにあたり苦労したのは、イギリスの伝統芸ともいえる皮肉たっぷりのジョークだ。日本のジェントルマンならば理解してくれるだろうと思うが、そのあたりも注目して楽しんでいただけたらと思う。

　最後に、この素晴らしい友好関係の発展に尽力してくれたMR PORTERの社長トビー・ベイトマン氏、日本語版を監修する上で的確なアドバイスをいただいた編集長ジェレミー・ラングミード氏をはじめ、多大な協力をいただいたグローバルPRディレクター、マイケル・クルーガー氏、環太平洋地区のマーケティング担当、エリ・エンゲルハート氏、そして貴重なご意見をいただいたファッションライターの山下英介氏にこの場をお借りしてお礼申し上げます。

BEAMS 設楽 洋

ACKNOWLEDGEMENTS

Editor in Chief – Mr Jeremy Langmead
Art Director – Mr Leon St-Amour
Editor – Ms Jodie Harrison
Production Manager – Ms Xanthe Greenhill
Style Director – Mr Dan May
Designers – Messrs Eric Åhnebrink, Rik Burgess, David Pearson
Picture Editor – Ms Katie Morgan
Editorial Assistant – Ms Caroline Hogan
Deputy Sub Editor – Mr James Coulson

CONTRIBUTORS

Mr Angelo Trofa, Ms Cherry Imbush, Mr Chris Elvidge, Mr Ian Tansley, Ms Iona Davies, Mr Jacopo Maria Cinti, Mr Lewis Malpas, Mr Mansel Fletcher, Ms Marie Belmoh, Mr Peter Henderson, Ms Rachael Smart, Mr Scott Stephenson, Ms Sophie Hardcastle, Mr Tom M Ford, Mr Tony Cook

With immense thanks to:

Ms Natalie Massenet, without whom this book, or company, wouldn't exist

PHOTO CREDITS

THE LOOK: Mr Tinie Tempah – Angelo Penetta
THE CLASSICS: Sweatshirts – Sunset Boulevard/Corbis, Writer Pictures, Peter Pakvis/Redferns/Getty Images
MEN OF NOTE: Road Tracks – Martyn Goddard/Corbis
THE LOOK: Mr Damian Lewis – Kurt Iswarienko
THE REPORT: Take Me Out – Moviestore Collection
THE INTERVIEW: Mr David Hockney – Tony Evans/Getty Images, Ed Kashi/Corbis
THE CLASSICS: The Shawl-Collar Cardigan – eyevine, Tony Frank/Sygma/Corbis, Wenn
MEN OF NOTE: Perfume Genius – Angel Ceballos
THE CLASSICS: The Bomber Jacket – W. Eugene Smith/Time & Life Pictures/Getty Images, John Springer Collection/Corbis, Rex Features
THE INTERVIEW: Mr Irvine Welsh – Scott Trindle
WOMEN OF NOTE: Sunday Girl – Billy Ballard
THE INTERVIEW: Mr John Pawson – Jamie Hawkesworth, Jens Weber
THE CLASSICS: Polo Shirts – eyevine, Marianne Rosenstiehl/Sygma/Corbis, Evening Standard/Getty Images

STYLE ICONS: ©Pierre Fournier/Sygma/Corbis, Paul Popper/Popperfoto/Getty Images, Dezo Hoffmann/Rex Features, Roger-Viollet/Rex Features, Rex Features, Slim Aarons/Hulton Archive/Getty Images, Robin Platzer/Twin Images/Time & Life Pictures/Getty Images, © Thomas Laisné/Corbis, Apic/Getty Images, ©

Norman Parkinson/Sygma/Corbis, Riama-Pathe/The Kobal Collection, ©Michael Nicholson/Corbis, © Dennis Stock/Magnum Photos, © Norman Parkinson Ltd/Courtesy Norman Parkinson Archive, Slim Aarons/Getty Images, Redux/eyevine, Vittorio Zunino Celotto/Getty Images, Terry O'Neill/Getty Images, Cat's Collection/Corbis, Jean-Louis Swiners/Gamma-Rapho/Getty Images, Arnold Newman/Getty Images, Slim Aarons/Getty Images, © CinemaPhoto/Corbis, Rex Features, © Lynn Goldsmith/Corbis, Michael Ochs Archives/Getty Images, Anwar Hussein/Hulton Archive/Getty Images, Everett Collection/Rex Features, Mary Evans Picture Library/Hardy Amies London, Popperfoto/Getty Images, Xposure Photos, Alan Band/Keystone/Getty Images

MEN OF NOTE: Mr Matthew Dear – Will Calcutt
MEN OF NOTE: Grizzly Bear – John Lindquist
THE EXPERT: Mr Charles Schumann – Christian Kain
THE LOOK: Mr Jason Sudeikis – Alexei Hay, Allstar Picture Library
MEN OF NOTE: Diplo – Shane McCauley
THE LOOK: Mr Vincent Kartheiser – Mr Kurt Iswarienko
THE CLASSICS: Knitted Ties – FilmMagic/Getty Images, ABC Photo Archives/Getty Images, Rex Features
ONE TO WATCH: Mr Allen Leech – Brendan Freeman
MEN OF NOTE: Hot Chip – Steve Gullick
THE CLASSICS: Peacoats – Ronald Grant Archive, Rex Features
THE CRUSH: Ms Meghan Markle – John Lindquist
THE REPORT: Rock of Ages – Michael Ochs Archives/Getty Images, Sunshine/Retna Pictures, Ed Perlstein/Redferns/ Getty Images, S Granitz/Getty Images, Getty Images, GAB Archive/Redferns/Getty Images, Paul Slattery/Retna Pictures, Michael Putland/Getty Images, Raoul F. Kassad/Retna Ltd./Corbis, ITV/Rex Features
MEN OF NOTE: Mystery Jets – Henry Harrison
THE CLASSICS: Tweed Jackets – Rex Features, Kobal Collection, Agence France-Presse/Getty Images

THE CLASSICS: Biker Jackets – Santi Visalli Inc/Getty Images, Rex Features, Steve Emberton/Camera Press, London

ILLUSTRATION CREDITS

THE KNACK: How to Appreciate Jazz – Mr Angelo Trofa
How to Behave in a Spa – Mr Angelo Trofa
How to Bond with your Father-in-Law – Mr Angelo Trofa
How to Dance at a Wedding – Mr Angelo Trofa
How to Create a Bespoke Bloody Mary – Mr Angelo Trofa
How to Dress for a Festival – Mr Angelo Trofa
How to Get out of a Hair Rut – Ms Anje Jager
How to Hit the Ground Running – Mr Joe McKendry
How to Look After a Classic Car – Ms Anje Jager
How to Pull off Daring Stunts – Mr Joe McKendry
How to Revive Old Shoes – Mr Angelo Trofa
How to Throw a Great Party – Mr Angelo Trofa
How to Lace Your New Boots – Mr Angelo Trofa

THE MR PORTER PAPERBACK
– THE MANUAL FOR A STYLISH LIFE
VOLUME ONE

MR PORTERは世界をリードしている200以上ものメンズブランドを展開する、スタイリッシュな男性のためのグローバルなオンラインリテールサイト。詳しくはMR PORTER.COMをご覧ください

THE
MR PORTER PAPERBACK

THE MANUAL FOR A STYLISH LIFE
VOLUME ONE

2018年10月1日　初版第1刷発行

翻訳　名取 祥子
DTPデザイン　Ad.Aim
編集協力　青野 賢一（ビームス創造研究所）
佐藤 尊彦、安武 俊宏（ビームス クリエイティブ）
編集　喜多 布由子

編集長　ジェレミー・ラングミード
監修　BEAMS CREATIVE INC.
発行人　佐野 裕
発行　トランスワールドジャパン株式会社
〒150-0001 東京都渋谷区神宮前6-34-15 モンターナビル
Tel: 03-5778-8599　Fax: 03-5778-8743

印刷・製本　中央精版印刷株式会社

Printed in Japan
©Beams Co.,Ltd., Transworld Japan Inc. 2018

定価はカバーに表示されています。
本書の全部または一部を、著作権法で認められた範囲を超えて
無断で複写、複製、転載、あるいはデジタル化を禁じます。
乱丁・落丁本は小社送料負担にてお取り替え致します。
ISBN 978-4-86256-240-1